NÃO TENHA VERGONHA DE

SER BONITA

CB134901

Dr. Rolando Zani

NÃO TENHA VERGONHA DE SER BONITA

Colaboração
Maria Alice Leão Duarte (psicóloga)

Editora Gente

Editora
Rosely M. Boschini

Assistente Editorial
Rosângela Barbosa

Produção e projeto gráfico
Marcelo S. Almeida

Diagramação
Editora Gente

Capa
Cream Cracker

Copidesque
Gilberto Cabeggi

Preparação
Maria Alayde Carvalho

Revisão
Alessandra J. Gelman Ruiz

Copyright © 2007 by Rolando Zani
Todos os direitos desta edição
são reservados à Editora Gente.
Rua Pedro Soares de Almeida, 114
São Paulo, SP, CEP 05029-030
Tel: (11) 3670-2500
Site: http://www.editoragente.com.br
E-mail: gente@editoragente.com.br

Dados Internacionais de Catalogação na Publicação (CIP)
(Câmara Brasileira do Livro, SP, Brasil)

Zani, Rolando
Não tenha vergonha de ser bonita / Rolando Zani ; colaboração Maria Alice Leão Duarte. – São Paulo : Editora Gente, 2007.

ISBN 978-85-7312-549-8

1. Beleza - Cuidados 2. Beleza feminina (Estética) 3. Cirurgia plástica 4. Mulheres - Conduta de vida 5. Mulheres - Psicologia I. Duarte, Maria Alice Leão. II. Título.

07-2839 **CDD-646.70082**

Índice para catálogo sistemático:

1. Beleza : Mulheres : Comportamento : Aparência pessoal 646.70082
2. Mulheres : Beleza : Comportamento : Aparência pessoal 646.70082

Dedico este livro a todas as mulheres que lutam, todos os dias, para ser mais inteiras. Em especial, àquelas que assumem sua beleza com coragem e serenidade

Agradecimentos

Quero agradecer a todos os que me ajudaram a tornar mais um sonho realidade. Muito obrigado às pessoas que leram meu texto e me ajudaram, com preciosos conselhos, a elucidar, um pouco que seja, a misteriosa alma feminina.

Sou grato à psicóloga Maria Alice Leão Duarte por suas idéias sobre psicologia feminina.

Obrigado ao pessoal da Editora Gente, em especial a Gilberto Cabeggi e a Cláudia Rondelli, que sempre me apoiaram.

Por fim, um obrigado emocionado ao meu querido amigo Roberto Shinyashiki por sua apresentação tão especial e pelo apoio durante a realização deste projeto.

Um agradecimento particular a todos os meus pacientes por confiarem a mim suas vidas e suas histórias. Vocês são minha maior força de inspiração.

SUMÁRIO

PREFÁCIO

O doutor Rolando Zani é um profissional corajoso, e este livro é uma prova disso.

Há alguns meses, conversávamos na praia de Juquehy quando ele me confidenciou: "Vou escrever um livro para estimular a mulher a assumir sua beleza".

Em um primeiro momento, fiquei surpreso com a idéia, pois pensava já existir uma busca exagerada pela beleza nos dias de hoje.

Enquanto tomávamos café, ele me mostrou que existem algumas poucas mulheres que exageram nos cuidados com a aparência, mas a maioria absoluta delas tem vergonha de assumir a própria beleza. Depois de alguns instantes, dei-me conta de que ele estava absolutamente correto.

Pensei, então, em quantas profissionais escondem sua beleza com medo de parecerem frívolas; quantas esposas são reprimidas pelos maridos ciumentos; quantas advogadas anulam sua beleza nos fóruns com medo de aparentarem incompetência para realizar um trabalho de boa qualidade; quantas mães de família cuidam dos outros e se descuidam de si próprias...

Verdade absoluta! Existem algumas poucas mulheres que exageram nas academias de ginástica e nos salões de beleza, pois a grande maioria não tem a grandeza de ser bondosa consigo mesma e reservar algum tempo para cuidar de si própria e valorizar sua beleza.

Infelizmente, inúmeras mulheres têm dificuldade de assumir o fato de que são bonitas e, silenciosamente, escondem sua luz dos outros.

Nestes tempos de crítica à busca exagerada de beleza, o doutor Zani demonstra a coragem de separar o joio do trigo e levantar a voz para dizer às mulheres: "Vocês têm o direito de assumir sua beleza e mostrá-la ao mundo".

A beleza não é simplesmente uma dádiva do destino, e sim a conseqüência de uma série de decisões diárias seguidas de uma série de ações que mostram o carinho que a pessoa tem consigo mesma e o quanto merece se cuidar.

Você não pode ser prisioneira da genética nem do passado. Deve, ao contrário, ser uma pessoa capaz de ir além de seu destino e criar uma nova dimensão para sua vida.

Talvez, no passado, as pessoas que a educaram não tenham valorizado sua beleza, mas agora chegou o momento de assumir o controle e dar à vida os rumos que você merece.

Todas as mulheres são lindas, ainda que muitas delas se esforcem para parecer feias! Mas a leitura deste livro vai mostrar a você uma nova maneira de ver e alcançar a beleza, inspirá-la a buscar mais e lhe ensinar o caminho das pedras.

Antes de o professor Zani escrever o texto, conversamos muitas vezes sobre o tema; e fiquei impressionado com suas idéias. Tenho certeza de que a orientação dele vai ser uma fonte inesgotável de inspiração para essa revolução em sua vida.

Como diz o próprio doutor Zani: "Você tem o direito de mostrar toda a sua beleza ao mundo. Ser bela não tira a competência, não diminui os conhecimentos e nem abala a integridade".

Quero convidá-la a embarcar de corpo e alma nessa viagem de transformação e realização. Tornar-se ainda mais bonita é o seu destino.

Com o carinho de sempre,
Roberto Shinyashiki
Psiquiatra, escritor e palestrante

INTRODUÇÃO

"Linda, mais que demais, você é linda, sim,
Onda do mar do amor que bateu em mim.
Você é linda e sabe viver. Você me faz feliz.
Esta canção é só pra dizer e diz:
Linda, mais que demais, você é linda, sim."

(*Você é Linda*, Caetano Veloso)

Você é tão bela quanto se permite mostrar sua beleza ao mundo.

Afinal, o esplendor da borboleta só aparece quando ela deixa o casulo.

Ser bonita é um direito seu e é seu passaporte para a felicidade. Sei que vai aparecer alguém que diga: "Mas beleza não traz felicidade!" Tudo bem. Então tente ser feliz enquanto se sentir feia.

Mas, apesar de todo o desejo natural que as mulheres têm de serem bonitas, é impressionante ver como a maioria delas passa a vida se anulando e deixando de se cuidar, como se todas fossem vítimas de um destino sem beleza.

Vivem na esperança de que se tornarão belas quando aparecer o amor de sua vida, que as encherá de encantos e lhes despertará o charme adormecido. Mas não percebem que as chances de esse grande amor surgir aumentarão somente a partir do momento em que elas mesmas se mostrarem lindas e encantadoras.

Talvez você não se sinta tão bela assim, não é verdade? Mas isso não precisa ser dessa maneira. Deixe-me contar uma pequena história que talvez já conheça:

Um ovo de cisne foi chocado acidentalmente no ninho de uma pata. Quando a pequena ave nasceu, todos os patinhos perceberam que ela era diferente, grande e desengonçada. Por ser tão diferente, eles a consideraram feia. Mas o pior de tudo é que ela mesma acreditou ser um patinho feio. E sofreu muito com isso até o dia em que viu um bando de cisnes brancos e majestosos pousarem no lago. Resolveu admirá-los mais de perto e, quanto viu o próprio reflexo nas águas, percebeu que era tão bela quanto todos os outros cisnes que haviam chegado. Reconheceu, assim, a própria beleza; tomou coragem, abriu as asas e voou para junto dos outros cisnes. Constatou, então, ser uma das mais belas do bando.

Eu gostaria de dizer-lhe, portanto, que *sua mudança de atitude e do modo de ver a si mesma pode modificar completamente sua história.*

Você, assim como tantas outras mulheres, precisa aprender a assumir sua beleza. A maioria das mulheres é levada a pensar que só as outras são os cisnes maravilhosos, enquanto ela mesma amarga o papel do patinho feio.

Você tem a opção de se mostrar linda todos os dias, realçando seus traços naturais de beleza, e de trabalhar para corrigir os detalhes que a incomodam e a fazem sentir-se menos bonita.

Quero convidá-la a assumir sua beleza e a se decidir pelo aprendizado dos meios de se tornar ainda mais atraente. Não tenha medo nem vergonha de ser bonita. O mundo espera ansioso para conhecer essa pessoa bela e envolvente que você é. Sua recompensa por se tornar mais bonita, sem dúvida alguma, virá na forma de felicidade.

Um grande abraço,
Rolando Zani

CAPÍTULO 1

Olhar-se no espelho e gostar do que vê

"Diga-me, ó, espelho meu: existe neste mundo alguém mais bela do que eu?"

Que tipo de resposta você esperaria se fizesse essa pergunta ao espelho ao olhar sua imagem nele refletida? Em outras palavras, como se sente de fato em relação à sua beleza?

Acordar e olhar-se no espelho, mas não gostar do que vê; ir para o escritório e se sentir deslocada em relação às demais pessoas; comparecer às festas apenas para se comparar negativamente às outras mulheres, colocando-se em posição inferior a elas por se sentir menos bonita. Será que você já passou por isso? Como lidar com essas situações? Como é seu modo de se sentir consigo mesma e de se mostrar ao mundo?

Embora não exista nada que nos dê tanto prazer quanto estar de bem com nossa imagem, todos nós, no íntimo, sentimos insegurança em relação à aparência.

Mesmo que a vaidade seja própria das mulheres, grande parte delas está insatisfeita com seu visual, com seu peso e com seu modo de ser e de se comportar. O cultivo de uma imagem negativa da própria aparência é muito mais comum do que se imagina.

Toda pessoa pode, sem dúvida alguma, amar ou odiar o espelho. Tudo depende do modo como se aceita. Mas, para as mulheres em especial, há dias em que o espelho se torna mais agradável e gentil, enquanto em outros se revela um monstro cruel e insensível, quase insuportável.

Cristina, de 44 anos, casada, três filhos, viajou para participar de uma festa de casamento numa cidade a 100 quilômetros do local onde morava. Não percebeu a hora passar e, quando retornava com o marido, às 2 horas da madrugada, o carro começou a falhar. Como não havia quem os socorresse naquele horário, resolveram passar o resto da noite em um motel luxuoso situado à beira da estrada. No dia seguinte, seguiriam viagem.

O motel estava quase vazio. O recepcionista lhes ofereceu uma suíte VIP pelo mesmo preço de uma acomodação convencional.

Quando entrou na estonteante suíte, recoberta de espelhos de todos os tipos espalhados por todos os lados e repleta de fotos e quadros de nus exuberantes, Cristina ficou assustada.

Cansado, o marido se deitou e dormiu logo. Restou a ela ficar olhando o próprio corpo, arredondado pelos anos, pelas gestações e pela falta de cuidados, refletido e aumentado em todos aqueles espelhos, e, o que foi pior, compará-lo com as fotos e com os quadros de nus que decoravam as paredes. Sua auto-estima afundou tanto que ela não conseguiu dormir.

Cristina sofreu muito naquela noite, encarando a realidade de sua aparência de poucos atrativos, fruto que colhia pelo fato de não ter dado a si mesma a atenção que merecia e de que tanto precisava. Mas não percebeu que ainda continuava bela, apesar de tudo, simplesmente porque procurou apenas defeitos em seu corpo até, afinal, ficar deprimida. Somente parou de sofrer com isso no dia em que assumiu os cuidados com a própria beleza e passou a valorizar mais o que tinha de atraente.

Embora suspirem e anseiem pela beleza, muitas mulheres se olham no espelho e não gostam do que vêem, mas não fazem coisa alguma para mudar essa situação. Comportam-se como tímidas e frágeis lagartas, protegidas e acomodadas dentro do casulo, que somente admiram e sonham com a beleza da borboleta que vêem voar. Quando muito, apenas se limitam a reclamar da própria aparência.

Eu gostaria de alertá-la de que reclamações não adiantam e não vão torná-la mais bonita; pelo contrário, o hábito de reclamar fará você menos atraente. Sabemos que não é isso que você quer, não é mesmo? Aliás, se está lendo este livro é porque acredita que pode ser muito mais bonita. E, o que é mais importante, *você quer ser mais bonita.*

Seria ótimo, então, lembrar que sempre é possível fazer alguma coisa para realçar sua beleza independentemente das condições em que se encontre.

A mudança do modo como se sente em relação a seu corpo vai, com certeza, torná-la mais atraente e bela. O esforço de elevar a auto-estima e o empenho de se cuidar são essenciais para fazer com que sua beleza apareça.

Acredito que já é tempo de adotar uma atitude mais generosa em relação a si mesma. Para melhorar sua aparência e, conseqüentemente, tornar-se mais bonita, será preciso que você adote atitudes mais positivas, assuma seu direito à beleza e mostre determinação na busca do objetivo de se tornar linda.

É claro que dá trabalho. Afinal, tudo o que vale a pena envolve certo esforço. Mas tenho certeza de que será muito bom para você poder se olhar tranqüilamente no espelho e adorar a imagem que passará a ver. Suas recompensas serão infinitamente maiores do que o esforço empregado. Cuide-se bem, portanto! Você pode e merece ser ainda mais bonita.

MANEIRAS DE LIDAR COM SUA BELEZA

As histórias infantis fazem tanto sucesso ao longo do tempo porque refletem as atitudes que as pessoas normalmente têm no dia-a-dia.

No caso das meninas, em especial, muitas histórias infantis parecem alertar sobre as maneiras como descuidam de si mesmas, de sua beleza e de sua felicidade, além de não assumirem o controle de sua vida.

Se observarmos com cuidado certos contos de fadas, veremos que parecem chamar a atenção das mulheres especialmente para o fato de não arcarem com a responsabilidade da própria beleza.

O drama de Cinderela

Cinderela era uma jovem linda, meiga e bondosa, mas escondia sua beleza nas roupas rasgadas, pobres e sujas que vestia, trabalhando como escrava, sem privilégios, na própria casa. Maltratada e humilhada pela madrasta e pelas irmãs de criação, sentia-se sempre muito feia ao se comparar a elas. Cinderela não se cuidava, apenas trabalhava e servia as outras pessoas da família.

Embora só vestisse roupas velhas e surradas, Cinderela era muito mais bonita que as irmãs. Sua beleza, porém, não impressionava os outros, pois as irmãs, com seus vestidos esplêndidos e cuidados pessoais esmerados, sempre chamavam mais atenção.

A beleza de Cinderela não aparecia, pois ela não a mostrava ao mundo. Só se revelou mesmo, de modo esplendoroso, quando a moça ganhou roupas novas e bonitas e foi preparada por sua fada-madrinha para ir ao baile do príncipe.

O grande problema de muitas mulheres que não se sentem bonitas é, na verdade, *o fato de não cuidarem o suficiente de si mesmas*; elas escondem sua beleza no estilo desinteressante de se vestirem e de tratarem a sua aparência.

Algumas mulheres são professoras universitárias ou pesquisadoras fabulosas que não têm permissão interior para assumir a própria beleza. Outras são empresárias poderosas em seu setor que, no entanto, não reservam tempo para ir a um bom cabeleireiro e não se dão o direito de cuidarem de si mesmas.

Algumas, ainda, são executivas de grandes empresas sempre às voltas com a implementação de planos estratégicos grandiosos, mas não têm uma estratégia simples para assumir sua beleza e cuidar dela.

Se você sente que esse é seu caso, pense que para se tornar bonita convém ser mais atenciosa e cuidadosa com a aparência. É necessário tratar-se com mais carinho ao tomar a decisão de ser bela, independentemente de ter ou não condições favoráveis na vida.

Não foi preciso muito, na realidade, para que Cinderela ficasse mais bonita. Alguns detalhes sutis, outros pequenos cuidados, coisas simples e práticas, fizeram muita diferença, e sua beleza apareceu em toda a plenitude.

E quanto a seu caso? Você se veste e se cuida para ser bonita ou está esperando por alguma fada boa que a ajude a mostrar sua beleza ao mundo? Lembre-se de que a vontade de se cuidar melhor fará toda a diferença necessária para que você assuma seu lugar de direito entre as mulheres bonitas.

A dedicação de Branca de Neve

A madrasta de Branca de Neve, ao ver que a enteada era muito bonita, sentiu ciúme e a obrigou a fazer todo o trabalho pesado e sujo do castelo. Procurando agradá-la, a garota se dedicou exaustivamente às tarefas, mas se descuidou por completo de sua beleza.

Mesmo assim, como Branca de Neve ainda era a mais bonita, a madrasta, enfurecida, mandou matá-la. Ao fugir pelo bosque, a menina chegou à casa dos sete anões. Como tudo ali estava muito sujo e em desordem, ela arrumou tudo e depois adormeceu.

Os donos da casa adoraram a arrumação e adotaram Branca de Neve. Ela passou a executar as tarefas domésticas, trabalhando muito o dia todo, e descuidou ainda mais de sua aparência.

A bem da verdade, se a feiticeira não tivesse dado a ela a maçã envenenada que a fez dormir, provavelmente em pouco tempo Branca de Neve se transformaria em "Gorda de Neve", dedicada aos cuidados de todos, menos de si mesma.

Quantas mulheres dedicam a vida aos outros, mas não sabem como tratar a si mesmas? Cuidam dos chefes, dos pais, do marido, dos filhos, da empresa, mas não sabem encontrar um simples massagista para ajudá-las a aliviar suas dores nas costas. Aprenderam que os outros são mais importantes que elas mesmas. Aprenderam, aliás, que somente os outros têm importância.

Esse é outro fator que impede muitas mulheres de mostrarem a extensão de sua beleza: *por não se julgarem importantes*, elas abrem mão dos cuidados com a própria aparência para se dedicar exclusivamente ao bem-estar dos outros. E não existe beleza nem felicidade que resistam por muito tempo a um descuido pessoal tão grande.

Se esse é o problema que incomoda você, deixe-me então contar-lhe um pequeno segredo: a melhor forma de cuidar bem dos outros é antes cuidar bem de si mesma.

Seria muito bom que você se conscientizasse disso e depois passasse a agir com base nessa tomada de consciência. É preciso que se sinta importante e merecedora da beleza, do bem-estar e da felicidade, mesmo porque você somente estará em condições de cuidar bem das outras pessoas quando aprender antes a se valorizar.

A arte de se cuidar bem não é, portanto, egoísmo. É o caminho certo para aprender a zelar por tudo – e por todos a quem ama – de modo adequado e ainda ser mais bela e feliz.

E então? Você cuida dos filhos, do marido, dos pais, dos irmãos e vive exclusivamente para as pessoas que a rodeiam, sem tempo nem energia para se entregar a seus preciosos cuidados? Procure refletir sobre isso, pois se trata de uma situação bastante perigosa no que diz respeito à satisfação pessoal e à auto-estima. Essa atitude é, certamente, um grande obstáculo à revelação de sua beleza.

Antes de tudo, sem culpa, tome consciência de que você é a pessoa mais importante de sua vida, e passe a se cuidar como merece.

O sonho da Bela Adormecida

Na história da Bela Adormecida, a menina ganhou de suas fadas protetoras os dons de ser a mais bela do mundo, de ser espirituosa como um anjo, graciosa em tudo o que fizesse, de dançar melhor que todos, de cantar lindamente e de tocar com perfeição qualquer instrumento musical.

Mas também recebeu uma maldição da bruxa má: morrer ao se ferir em uma roca de fiar. Essa maldição foi convertida, pela terceira fada boa, em algo menos trágico: dormir até que um príncipe viesse acordá-la.

Muitas mulheres têm um modo estranho de pensar. Para elas, somente um homem pode lhes dar a importância que buscam. Algumas vezes, são donas de currículos maravilhosos, salários sensacionais, empregos incríveis, mas parece que nada disso faz sentido porque não têm um companheiro para lhes dizer que são deslumbrantes. Em algum momento da vida aceitaram e assumiram essa dependência e agora não se sentem tranqüilas sem ela.

Essa necessidade constante da aprovação dos homens, por não conseguirem apreciar a própria beleza, impede que se mostrem bonitas. Além disso, acabam não tendo forças para mudar essa situação e preferem não fazer nada, esperando que as coisas melhorem por si só, ou seja, anseiam que um príncipe encantado venha elogiá-las e, assim, sintam-se mais belas e felizes. Aguardam a aprovação alheia para só então passar a cuidar de si mesmas e da própria aparência.

Nesse caso, é muito importante que você tome a vida em suas mãos e empenhe sua energia naquilo que lhe dá prazer. É necessário trabalhar constante e consistentemente para se tornar mais bela, se é isso mesmo que deseja. Para mostrar sua beleza ao mundo, você vai precisar de autoconfiança e determinação, ainda que suas dúvidas insistam em dissuadi-la de fazer alguma coisa.

É preciso dar a si mesma a chance de ser notada e apreciada por sua beleza. Mas, acima de tudo, você precisa se transformar em sua maior fã. É isso que vai fazer toda a diferença em sua vida.

Você está realmente empenhando sua energia no esforço de tornar-se mais bela e mostrar do que é capaz? Valoriza de verdade suas virtudes e sua beleza ou está dormindo no ponto, acomodada, deixando essa beleza definhar enquanto espera que a solução caia do céu, ou que um príncipe encantado venha salvá-la desse marasmo que nada acrescenta a suas qualidades?

Vamos lá! Olhe para si mesma e reconheça essas qualidades. Você é bela porque é bela, e não somente porque um homem diz que é bela.

Construa sua história

Esse tipo de comportamento leva, com freqüência, as mulheres a esconderem toda a extensão de sua beleza.

Se esse é seu caso, mas você tem vontade de que tudo seja diferente, abandone logo essa mania de se desvalorizar. Você não precisa da autorização de nenhum homem para ser bela, não tem de abrir mão dos cuidados consigo mesma em razão da necessidade de cuidar dos outros, nem deve se privar de ter boas roupas para se vestir bem. Tudo de que precisa, mesmo, é decidir se tratar com mais carinho e melhorar seu visual.

Embora sonhem mostrar a própria beleza, muitas mulheres ainda pensam que isso é proibido. Para elas, parece que esse é um direito que pertence somente às amigas e às modelos e atrizes famosas, como se apenas essas pessoas pudessem desfrutar o prazer da beleza.

É muito gratificante ser bem aceita e bem recebida em qualquer lugar. Mas, para isso, é preciso tomar algumas atitudes diferentes e abandonar esse seu receio e essas suas dúvidas em relação à beleza. Enquanto a mulher não assumir o fato de ser bela, pouco poderá fazer para conquistar seu merecido espaço entre as mais bonitas.

A atitude de exercer diariamente a opção de ser bonita começa, antes de tudo, com você mesma. Afinal, não dá para mostrar aos outros o que você não vê, não sente, e nem aceita. Então vamos lá: assuma de vez que você é linda e mostre sua beleza ao mundo!

CAPÍTULO 2

Algumas mulheres têm vergonha de ser bonitas

"A beleza não é uma dádiva do destino, mas conseqüência de uma série de decisões diárias."
(Roberto Shinyashiki)

Todas as mulheres têm uma beleza pessoal que as torna especiais. A grande maioria, porém, costuma abrir mão do direito de mostrá-la, pois muitas acreditam não serem bonitas ou mesmo não deverem valorizar demais a beleza, sobretudo a beleza física.

Talvez na infância tenham tido mães que, assim como a madrasta de Branca de Neve, procuravam convencê-las de que eram feias para evitar competições com a própria beleza. Talvez seus pais lhes tenham ensinado a cuidar dos outros, quando ninguém, nem elas mesmas, cuidava de sua aparência.

O aprendizado infantil manifesta-se ainda hoje, na vida adulta, de modo que elas não têm idéia de que são lindas. Talvez não se considerem dignas de se mostrarem bonitas, tantas são as crenças erradas, os preconceitos e os medos que fazem com que prefiram manter oculta a própria beleza.

Muitas vezes, em meu consultório, digo às minhas clientes que procurem fazer psicoterapia porque vejo que seus problemas nada têm a ver com o fato de serem belas, e sim com o fato de se sentirem belas.

Esse tipo de comportamento, muito embora tenha raízes na infância, perpetua-se pela vida inteira. A pessoa não consegue olhar-se no espelho e se ver como realmente está hoje. É como se olhasse para um espelho do passado, de uma época em que os outros não reconheciam sua beleza.

Infelizmente, muitas são as mulheres que ainda têm vergonha, ou medo, de se sentirem bonitas. Elas não percebem que a atitude de assumir a própria beleza nada tem a ver com vaidade nem com egoísmo excessivo, e sim com auto-estima elevada, consciente e consistente.

TER UMA IMAGEM NEGATIVA DE SI MESMA

Como disse Roberto Shinyashiki na introdução deste livro, todas as mulheres são lindas, ainda que muitas delas se esforcem para parecer feias.

Pelas mais diversas razões, ao longo de sua vida, elas aprenderam a fazer tudo de acordo com padrões e preconceitos estabelecidos, de modo que criaram em torno de si uma imagem tão negativa que as faz acreditar na impossibilidade de serem bonitas.

Todas as mulheres nascem como lindos cisnes, mas a maioria delas é educada para ser o patinho feio. Com base nessa premissa errada, muitas mulheres passam a existência esperando por um acontecimento mágico que as torne belas, embora continuem agindo sempre como se não merecessem a beleza.

Uma das definições de loucura é fazer sempre as mesmas coisas e agir sempre da mesma forma com o objetivo de obter resultados diferentes. *Não será possível revelar o lindo cisne branco que você é enquanto continuar agindo como a patinha feia da empresa.*

Não sabe do que estou falando? Ah, você sabe, sim. Pense um pouco sobre isso enquanto analisa as situações descritas a seguir, muito comuns no dia-a-dia de tantas mulheres.

Você merece cuidar de si mesma

Não importa o que faça, não consigo mesmo ficar mais bonita! Para que me cuidar então?

O mais triste, caso uma pessoa pense dessa maneira, eu não diria ser o derrotismo, o negativismo nem mesmo o conformismo. Eu diria que o aspecto mais terrível dessa postura é a idéia de ser uma "vítima indefesa" de um destino injusto a que a mulher está "condenada".

Esse sentimento de impotência impede a pessoa de viver plenamente, de ser feliz de verdade, de ser bonita por inteiro e de ter prazer por completo. A sensação de impotência nos faz viver pela metade porque simplesmente, por causa dela, não nos damos ao trabalho de ir em busca da plenitude a que temos direito.

Como estou acostumado a ajudar as pessoas na realização da beleza individual, é muito estranho ouvir alguém dizer: "Eu não consigo ser bonita (ou bonito)". Por isso, sempre pergunto: "Mas você já tentou se cuidar de verdade?".

Sim, porque é bastante comum ouvir reclamações, embora as pessoas, muitas vezes, não movam um dedo sequer para modificar a situação.

É comum a uma mulher, por exemplo, suspirar diante de um novo modelo de roupa simplesmente apaixonante, mas comentar, conformada: "Pena que eles só tenham até o número 42 e meu manequim seja 46!". Tudo o que ela precisaria fazer para caber naquele traje seria amar a si mesma o bastante para não jogar lixo na própria boca o tempo todo e assim emagrecer um pouco.

Quando a sensação de impotência predomina, a beleza fica em segundo plano. Afinal, é muito mais simples dizer: "Eu não consigo cuidar bem de mim mesma".

Dessa maneira, porém, você poderá enterrar todos os prazeres próprios da manifestação de sua beleza sem ao menos experimentá-los. E, sinceramente, não creio que de fato você queira abrir mão de tanta coisa que ela traz. Descubra, então, o amor por si mesma, e vá em busca dessa beleza!

Quem vai gostar de alguém como eu?

Muitas pessoas usam esse argumento como desculpa para não cuidarem da aparência nem cultivarem sua beleza plena.

Será que não vêem que de nada adianta acusar a vida porque não as fez mais belas? Será que não percebem que o ato de apontar um "culpado" de sua situação não traz soluções, e que as desculpas para não se cuidar não as levarão a lugar algum que valha a pena?

Eu sei que isso pode parecer até indelicado e insensível de minha parte, mas me sinto na obrigação de lhe dizer que, se não começar a gostar de si mesma a ponto de cuidar de sua beleza, será pouco provável que alguém mais goste de você.

Desculpe a franqueza, se esse for o seu caso, mas enquanto você não reconhecer sua beleza será complicado cuidar de si mesma. Enquanto mantiver a opção de falta de compromisso com sua aparência e sempre arranjar pretextos para não se mostrar mais bonita, será pouco provável que alguém se interesse por você.

Será que está disposta, assim como a Bela Adormecida, a dormir durante 100 anos até que surja um homem que a valorize? Não seria melhor tomar em suas mãos esse poder todo que você confere aos outros e dar mais importância a si mesma?

Que tal cuidar um pouco mais de sua aparência física, só para começar? Descubra seus pontos fortes – e, sem dúvida, você os tem – e invista neles, valorize-os. Esse poderá ser o primeiro passo para uma revolução de beleza em sua vida.

Quem quiser que goste de mim como sou

Gostaria de lhe dizer que as coisas não são bem assim! Ninguém é obrigado a aceitar como companhia alguém que não lhe agrade.

Em contrapartida, quando você se cuida, as pessoas sentem prazer por estar ao seu lado.

Acho muito bom cultivar certas características que lhe agradam e das quais não abre mão, mesmo que não agradem totalmente aos outros. Isso lhe confere certo charme e faz bem à auto-estima, o que realça sua beleza particular e exclusiva. Mas não convém assumir deliberada e irresponsavelmente uma aparência desleixada e sem atrativos e esperar que os outros gostem de você mesmo assim.

Acredito também que o importante é estar de bem com sua imagem, ainda que ela fuja dos padrões estéticos em vigor, e que seu estilo de se apresentar não combine com a moda atual.

Entretanto, a atitude de ignorar as impressões que provoca nas outras pessoas não fará de você uma mulher mais feliz. Afinal, somos seres sociáveis, e, para nós, a interação é necessária e muito importante. A opinião dos outros a nosso respeito nos interessa, sim, mesmo que seja para descartá-la logo depois de avaliá-la.

É essencial ter personalidade e gostar de si mesma. Mas, se quiser ser sempre bem recebida, é bom tratar de cultivar uma aparência agradável à convivência, a menos que você opte por uma vida de eremita em sua caverna isolada do mundo.

PSICOLOGIA DA BELEZA: O QUE A IMPEDE DE SE MOSTRAR BONITA?

"As feias que me desculpem,
mas beleza é fundamental."
(Vinicius de Moraes)

Eu sempre penso que, talvez, o poeta tenha pensado em dizer algo como: "As feias que me desculpem, mas se não aprenderem a se valorizar não serei eu a valorizá-las". Ser bonita significa saber se valorizar.

Muitas mulheres, contudo, sentem-se feias porque existem, gravadas em sua mente, mensagens negativas associadas à beleza que as impedem de dar valor a si mesmas. Isso não permite que se sintam belas nem que se empenhem em se tornar mais bonitas, e causa sofrimento, muitas vezes, sem que elas tenham consciência de seus bloqueios.

Essas mensagens interiores são idéias equivocadas, tortas, aprendidas ao longo da vida, quando ouviam coisas como: "Mulher sensual é promíscua", "Mulher bonita é superficial", "Mulher bonita não é competente", "Mulher que expõe muito a mercadoria quer se vender", e tantos outros preconceitos desse tipo.

O incrível é que, atualmente, a grande maioria das mulheres se julga feia e desengonçada. Muitas delas, mesmo dentro das faixas normais de índice de massa corpórea (IMC), consideram-se muito gordas e carregam em seus ombros o peso da feiúra.

Tudo isso é bastante preocupante, pois induz a hábitos alimentares desequilibrados e a uma insegurança muito grande em relação ao próprio corpo e comportamento diante do grupo no qual a pessoa vive.

Poucas dessas mulheres sabem que a forma como pensam determina a extensão em que demonstram sua beleza. Em outras palavras, determina até que ponto estão dispostas a mostrar sua beleza ao mundo.

Inúmeras mulheres insistem em pensar que as outras são belas, enquanto elas próprias nasceram desprovidas de encantos. A insatisfação, obviamente, será inevitável nessas condições. Torna-se impossível ser feliz assim, não é mesmo?

A mulher que se sente feia e opta por não demonstrar sua beleza traz na mente um sinal de proibição que a impede de se mostrar bonita. Isso faz com que se encolha em um canto de seu conformismo e desista de ser notada. Para ela, o fato de ser bonita é quase um pecado ou representa riscos que não deseja correr.

Da mesma forma que muitas pessoas têm medo de amar e medo dos relacionamentos, ela também tem medo de ser bonita e até mesmo sente vergonha de cuidar da aparência.

O que está na mente das pessoas, aquilo em que acreditam, enfim, é que define sua atitude diante da possibilidade de serem bonitas, atraentes e agradáveis. Vamos dar uma olhada em algumas dessas crenças, que fazem com que a beleza seja evitada por muitas mulheres.

Beleza é tudo?

É lógico que não! Dinheiro é tudo? É lógico que não! Cultura é tudo? Claro que não! Mas tanto a beleza quanto o dinheiro e a cultura são importantes para a realização pessoal.

A primeira coisa que certamente algumas pessoas julgam em você é sua aparência, a beleza estética e os cuidados que dedica ao corpo: o modo de se vestir, o asseio, o comportamento, o jeito de se movimentar e de se portar e o perfume, por exemplo.

Fique alerta! A grande verdade é que "beleza talvez não seja tudo, mas ajuda bastante em tudo na vida".

Os três preconceitos contra a beleza

As próprias mulheres, infelizmente, nutrem preconceitos contra a beleza. Por diversas razões, elas ainda adotam a opção de não serem bonitas, como se não tivessem escolha.

Parece difícil acreditar, mas, nesta época, em que todas as pessoas querem ficar mais belas, atraentes e rejuvenescidas, algumas mulheres ainda preferem se mostrar sem atrativos, desinteressantes e precocemente envelhecidas. É que, assim, elas ficam aparentemente mais à vontade, pois despertam menos cobranças e atenções, ou seguem alguma crença errada em relação à beleza que incorporaram em seu modo de pensar ao longo da vida.

Toda criança, por exemplo, gosta de afeto e de carinho. Se isso não existe na infância porque os pais não estão aptos para a difícil tarefa de criar filhos, a criança, à medida que cresce, torna-se insegura e se julga desmerecedora de seus direitos de ser admirada, acarinhada e amada.

Quando a pessoa, durante a infância, sofreu com a falta de amor e carinho que esperava e não recebeu, ela desenvolve, na vida adulta, mecanismos de isolamento para fugir da possibilidade de sentir mais dores emocionais. Na convivência com o mundo, ela pode vir a criar uma couraça de feiúra para se proteger da rejeição afetiva.

Convém, no entanto, ter cuidado com tais situações. O desejo de ser feio contraria a natureza humana, e é muito diferente de aceitar as próprias limitações de aparência e aprender a valorizar o visual sem se angustiar com os padrões de beleza vigentes.

Quando uma mulher opta, consciente ou inconscientemente, por "ser feia", está abrindo mão de sua auto-estima e comprometendo a própria felicidade.

A atitude de assumir e cuidar naturalmente de sua beleza ainda é a melhor opção. E, com toda a certeza, traz maior satisfação pessoal em qualquer situação. Por isso, preste atenção aos motivos que a levam a rejeitar a beleza. Identifique seus preconceitos e medos em relação ao assunto e trabalhe para se desfazer de cada um deles.

Mulheres evoluídas não se preocupam com a beleza

O mundo, infelizmente, ainda é muito preconceituoso e duro com as mulheres: quando não são bonitas, provocam críticas; quando são belas, sofrem com o preconceito de que mulher bonita não tem competência.

Um bom exemplo das vítimas desse preconceito são os modelos que desejam se tornar atores ou atrizes, mas precisam enfrentar muita resistência do meio artístico e da mídia até provarem sua capacidade.

Assim, se por um lado o mundo exige que você seja bela, por outro diz que o sucesso só será possível se deixar a beleza de lado. Está então estabelecido o conflito. Ser ou não ser bela? Eis a questão.

Em razão disso, muitas mulheres ainda pensam que, ao abandonarem os cuidados com a beleza, mostram ao mundo que são sérias, responsáveis, inteligentes ou bastante espiritualizadas. Preferem não cuidar adequadamente da aparência porque estão muito ocupadas trabalhando e tentando provar ao mundo sua capacidade intelectual e profissional. Embora saibam que "beleza é fundamental", ainda não conseguiram assimilar a idéia de que, na mulher, beleza e competência não são mutuamente excludentes.

Talvez você também ainda ache que beleza e competência não combinam e, por essa razão, não se permite ser mais bela porque quer vencer na vida apenas por seus méritos intelectuais. Pense por alguns instantes e veja como lida com isso.

É claro que hoje em dia as mulheres estão vencendo, pouco a pouco e a duras penas, esses preconceitos, e se impondo por sua capacidade e também por sua beleza, duas qualidades que se complementam. Mas a jornada ainda está no começo, e é preciso fazer muito para avançar nessa direção.

Mulher bonita é promíscua

Existe a crença generalizada e antiga – alguns até dizem que foi criada pelas mulheres feias por medo da competição com as mais belas – de que "mulher que se arruma demais está se vendendo".

As pessoas costumam atribuir certa conotação pecaminosa à beleza e à sensualidade, associando-as à promiscuidade. Criam falsos moralismos e alardeiam aos quatro ventos idéias como "mulher que cuida bem de si mesma só tem sexo na cabeça", "a sensualidade é a perdição da mulher", "a mulher se faz bonita para transar", e outras coisas do gênero. Nesse clima de preconceito, muitas mulheres abrem mão do prazer e da felicidade de se tornarem belas e passam a considerar crime, ou pecado capital, até mesmo a beleza e a magia da sedução.

São muitas as mulheres que ainda preferem esconder sua beleza por medo de parecerem levianas, sem contar aquelas que disfarçam seus atributos físicos para não inquietar os maridos inseguros.

Beleza, sensualidade e boa aparência nada têm a ver com promiscuidade. A opção feminina de ser bela e de se apresentar bem em toda parte nada tem a ver com desvio de caráter. Pelo contrário, é mais provável que uma mulher "relaxada", cuja auto-estima esteja comprometida, tenha distorções de comportamento e de pensamento.

A pessoa que se cuida bem e faz questão de ser integralmente bonita tem, de modo geral, boa auto-estima, bom conceito de si mesma e sabe exigir de todos o respeito que merece.

Mulher bonita é promíscua? Se você acredita nessa mentira, com toda a certeza não se permite ser mais bela.

Por isso, se você julga que não deve mostrar sua beleza ao mundo para não parecer uma mulher fácil, convém rever essa sua crença. Há muita felicidade à espera da mulher bonita e satisfeita consigo mesma que você é, mas está deixando escapar por medo de se revelar bela e atraente.

Mulher bonita é superficial

Muitos acreditam piamente que a mulher que cuida com regularidade da aparência não tem tempo para mais nada além de se embelezar, e por isso acaba por se tornar uma pessoa vazia e sem nenhuma profundidade de pensamento nem de sentimento.

Outros confundem cuidado pessoal com vaidade fútil. Vítimas de um sentimento de culpa, preferem estimular em si mesmos uma falsa humildade, mais cômoda e bem aceita socialmente, que exige menor esforço de sua parte.

Se você também pensa que o fato de se cuidar com atenção e regularidade vai torná-la mais volúvel, vazia e superficial, não tenho nenhuma dúvida de que continuará a se sentir feia.

A verdadeira beleza nunca é superficial. Sim, pois a manifestação da beleza completa, da beleza plena, vai além dos cuidados com o corpo físico.

Quando dizemos que uma pessoa é bonita, em primeiro lugar nos referimos a sua aparência, a seu visual. Mas, à medida que nos envolvemos com essa pessoa, somente poderemos reafirmar sua beleza caso se mostre bela também na essência.

Mulher realmente bonita, portanto, jamais será superficial. A verdadeira mulher bonita é bela fisicamente, é culta, tem bons sentimentos e é espiritual e emocionalmente equilibrada.

Mas isso já é pedir demais, você vai pensar. "Onde vamos encontrar uma mulher com todas essas qualidades?", você me pergunta. E eu respondo: que tal você mesma se transformar em uma mulher desse tipo, em uma mulher bela por completo? Será que, pelo contrário, ainda prefere acreditar que mulher bonita é superficial?

A decisão de ser mais bonita, sensual e bela por inteiro só depende de sua vontade e de suas atitudes. Experimente dar um pequeno passo nessa direção e logo verá os resultados.

Enfim, pense nisso

Por acaso você se reconheceu em algumas dessas situações? Será que tem alguns desses preconceitos? Você ainda está sendo bonita pela metade, sensual pela metade, atraente pela metade, feliz pela metade – ou seja, está vivendo pela metade – por não se permitir a chance de mostrar ao mundo toda a sua beleza porque suas crenças a impedem disso? Já não é hora de imprimir novo rumo a sua vida?

Vamos caminhar mais um pouco juntos para que você ganhe maior segurança em relação à beleza. Veja se reconhece as situações a seguir, aprenda a lidar com elas e depois volte a pensar seriamente em se tornar mais bela.

Medos e crenças relativos à beleza

Muitas outras crenças erradas, assim como medos imaginários – em geral originados na infância –, fazem com que as mulheres fujam da beleza e evitem mostrar ao mundo o quanto são belas, deixando de assumir seu direito a uma boa aparência.

Existem casos, por exemplo, em que a filha procura se tornar feia para não competir com a mãe, que valoriza demais a própria beleza. Ela engorda, veste-se de maneira estranha e inadequada e esconde a mulher linda que é para que sua boa aparência física não concorra com a beleza da mãe.

Há situações em que os pais, inconscientemente, criam atribuições para filhos e filhas, classificando cada um dentro de determinada categoria. Uma das filhas, por exemplo, é "inteligente", outra é "bonita" e a caçula é "esperta". A criança, amparada no espírito de sobrevivência, adapta-se às atribuições paternas para não perder seu lugar na família.

Assim, na vida adulta, cada uma delas continua cumprindo seu papel e excluindo de sua vida as classificações dadas às irmãs. A criança rotulada de inteligente ou esperta não pode ser bonita porque essa não foi a atribuição que os pais lhe deram. Se quiser cuidar da beleza, terá a sensação de roubar o papel de uma de suas irmãs.

Outra conseqüência dessa situação está associada ao preconceito de que as mulheres bonitas são superficiais e incompetentes. De certa forma, isso ainda tem origem na classificação dada pelos pais na infância: como nenhuma das filhas recebeu duas atribuições, a mulher "bonita" não admite ser também "inteligente".

Em outras circunstâncias, quando o medo dos pais é exagerado, sobretudo em relação à segurança das filhas, eles procuram cercá-las de cuidados excessivos e não permitem, de certa forma, que se mostrem belas nem atraentes para não se exporem demais.

Muitos pais, por medo do que possa acontecer aos filhos, acabam por orientá-los negativamente em determinadas situações, gerando mais traumas nas crianças do que benefícios reais.

O Dalai Lama, líder espiritual tibetano, fala muito sobre duas emoções que considera autênticas: o amor e o medo.

O amor é um sentimento poderoso que regenera o ser e, no caso específico das crianças, permite que cresçam com uma base real de autoconfiança e auto-estima e se transformem em adultos psicologicamente saudáveis.

Já o medo é o instinto de sobrevivência básico do ser humano, que busca a defesa e a proteção de sua integridade física. Quando bem orientado, o medo infantil se transforma em cautela e bom senso na vida adulta. Mas esse mesmo medo, distorcido e exagerado, forma adultos incapazes de ir além daquilo que consideram seguro.

Um exemplo disso é o caso da mãe que, por medo de que as filhas se tornassem promíscuas, orientou-as a ocultarem sua beleza, proibindo-lhes o uso de certos acessórios e roupas mais sensuais, quando, na verdade, deveria apenas concentrar sua orientação amorosa no desenvolvimento da integridade de caráter das filhas. Se estas aceitaram as imposições da mãe, passaram a esconder sua beleza para não serem vulgares.

O *medo da intimidade* faz com que algumas mulheres se tornem feias e criem, dessa maneira, um escudo que as protege da proximidade física de outras pessoas. Elas engordam, por exemplo, só para se afastarem da própria sexualidade e evitarem relacionamentos íntimos. Para elas, a feiúra e a obesidade podem servir para afastar olhares e desejos libidinosos. Dessa forma, consideram-se protegidas de todo mal que provenha da luxúria.

Devido ao *medo de crescer e encarar responsabilidades*, muitas mulheres evitam assumir suas características adultas, inibindo a beleza e a sensualidade. É como se assim, mantendo no corpo uma aparência infantil, pudessem adiar o momento de serem consideradas "gente grande" e responsável.

A mulher que tem *medo do sucesso* – muitas vezes até mesmo para evitar competição com seu companheiro – enfeia-se para não chamar muito a atenção porque instintivamente sabe que a beleza é um dos requisitos das pessoas bem-sucedidas.

Em poucas palavras, muitos pais, apesar do amor que têm pelos filhos, usam sobretudo os próprios medos para orientar suas crianças. E assim, em consequência do medo experimentado pelos pais, muitas meninas são induzidas a deixarem de cuidar adequadamente da aparência e se transformam em adultas sem beleza.

Assumindo esses medos como se fossem realmente dela, a mulher passa a vida evitando chamar muito a atenção e renuncia ao direito de se tornar mais bonita e feliz.

Será que você se identificou com alguns desses casos? Será que sente alguns desses medos?

Saiba que a tentativa de diminuir a si mesma, tentando parecer feia, não fará você mais feliz. Muito pelo contrário, a felicidade tem tudo a ver com o desenvolvimento pleno, completo e integral da beleza.

A palavra-chave é autoconhecimento. Feiúra ou beleza são apenas questão de decisão pessoal. E essa decisão sugere que você olhe dentro de si mesma e veja o que a assusta. É preciso entender o porquê dos medos para resolvê-los e obter o poder de eliminá-los e de expandir sua beleza.

É importante compreender que, para liberar a beleza, é necessário, muitas vezes, fazer um trabalho de aprimoramento da auto-estima e de reformulação dos conceitos errados que você carrega. O auxílio de um psicoterapeuta pode ser decisivo em muitos casos.

Para você, que é mãe, e também para o pai de seus filhos, quero deixar um recado especial, como prevenção da saúde emocional de suas crianças.

As mensagens interiores negativas associadas à beleza impedem que a mulher se sinta bela ou procure se tornar mais bonita. Como muitas dessas crenças se originam na infância, convém que os pais tenham bastante cuidado ao passar aos filhos idéias e conceitos relativos à permissão de mostrar e valorizar a própria beleza.

Há um reforço positivo que as mães podem sempre proporcionar às filhas: há certas "recompensas" por serem belas, cuidarem da aparência, por se mostrarem atentas à própria imagem. Elogios, pequenos presentes, passeios e outros prêmios que estimulem a criança a cuidar de sua auto-estima são sempre bem-vindos.

Mas, infelizmente, pouquíssimas são as mulheres que receberam esse tratamento durante a infância. Nem todas as mães têm esse tipo de consciência e disposição para valorizar a beleza das filhas; você, por exemplo, conseguiria imaginar a madrasta de Branca de Neve elogiando a enteada por sua beleza?

É óbvio que esse é um exemplo extremo, mas a verdade é que até mesmo as mães mais amorosas nem sempre estão preparadas para ensinar as filhas a tratarem de sua beleza como um dom natural e positivo. Por isso, a grande maioria dos pais e das mães precisa aprender a ajudar os filhos a assumirem e a gostarem de sua beleza estética.

FATORES QUE LIMITAM SUA BELEZA

Muitas mulheres se sentem feias quando, na verdade, são apenas escravas de uma auto-imagem distorcida.

Sua beleza é diretamente afetada pelo modo como você se vê. Tudo o que a mobiliza emocionalmente exerce influência sobre sua aparência física. Se você olha para si mesma de modo negativo, isso se reflete em sua aparência e a prejudica.

Quando você se julga feia, seu corpo se torna feio. Quando você se sente gorda, passa a descuidar da alimentação para engordar realmente e confirmar essa sensação, afinal, você sempre quer ter razão em suas crenças. Em casos mais críticos, mulheres magras que se sentem gordas acabam optando por dietas radicais e desnecessárias, que as expõem a riscos enormes e a uma inevitável degradação física.

As mulheres gastam normalmente algum tempo do dia em busca de melhores soluções para a aparência. Mas existem muitas já convencidas de que não são bonitas sem ao menos se darem conta de que a mudança desse sentimento é o primeiro passo para a conquista da beleza.

É preciso entender que a melhora da aparência e a construção da beleza dependem apenas de você mesma. É uma decisão pessoal que deve ser renovada diariamente.

Para ajudá-la a obter consciência da maneira como você lida com sua beleza e com seus sentimentos de satisfação, sugiro que pense um pouco sobre os pontos dados a seguir.

Mania de se comparar

Quem é, em sua opinião, a mulher mais bonita que conhece? Qual é a mulher que faz você suspirar, sonhadora, enquanto diz a si mesma: "Ah, se eu fosse bonita como ela..."?

Agora pare um pouco e pense: será que sua beleza pessoal está assim tão distante desse ideal? Será que você precisa de fato comparar-se a ela? Será que alguns pequenos cuidados consigo mesma não seriam suficientes para torná-la tão atraente e interessante quanto sua musa, ou até mais?

A mulher que vive a comparar sua aparência à das outras mulheres se torna insegura porque, mesmo que seja muito bonita, sempre encontrará alguém melhor.

As mulheres, de modo geral, gostam de se comparar a algumas celebridades. O sonho delas é ter o nariz de Nicole Kidman, os seios de Gisele Bündchen, a boca de Julia Roberts.

Não são apenas os homens que ficam alucinados com essas obras-primas da natureza. As mulheres também sonham com elas. Mas os motivos são diferentes, é claro.

A verdade é que toda comparação sempre resulta em sentimento de inferioridade, porque raramente as pessoas se comparam a alguém menos bem-dotado que elas. Se um jogador de tênis amador se comparar a Roger Federer, vai se sentir inferior.

Se um piloto de automóvel se comparar a Michael Schumacher, vai ficar em desvantagem.

Por isso, afirmo que o desejo de melhorar a aparência precisa ser satisfeito de modo saudável, sem que se tome como modelo o corpo sedutor de uma atriz nem o rosto perfeito das moças que freqüentam as capas de revista.

Muitas pessoas procuram a cirurgia plástica, ou ainda outros recursos para melhorar a aparência, influenciadas pelos meios de comunicação, que enaltecem um modelo perfeito de beleza. Essa, porém, é a motivação errada para o desejo de se tornar mais bela e pode justamente surtir o efeito contrário, fazendo com que a pessoa deprecie o próprio corpo e negue sua beleza individual por se iludir com a fantasia da perfeição.

Maria Eduarda, de 18 anos, trouxe ao meu consultório várias fotografias de certa atriz famosa e insistia no desejo de conseguir um nariz idêntico. Morria de inveja da atriz. Achava que ela representava o máximo da beleza feminina, tudo por causa do nariz pequeno e empinado.

Maria Eduarda tem, na realidade, um nariz bem desenvolvido, característico de sua herança genética, que, no entanto, não compromete sua estética. Com 1,75 metro de altura e 75 quilos, ela não pode ficar com um narizinho igual ao da referida atriz, que tem 1,58 metro de altura e pesa 52 quilos. Simplesmente não combina com ela. Expliquei-lhe tudo isso. Revoltada, procurou outro cirurgião. De ilusão também se vive. E como se vive!

Meu papel é orientá-la e ajudá-la a ficar mais bela, e não apoiar sua busca de um visual que não lhe convém e pouco ou nada tem a acrescentar à sua beleza.

Pessoas que nutrem idéias fantasiosas de perfeição estética precisam tomar consciência de que essa ilusão só lhes trará sofrimento e angústia. Esse é o caminho certo para o vazio existencial, para a infelicidade, para a depressão e várias outras doenças da mente e, conseqüentemente, do corpo.

Com o passar do tempo, esse comportamento acabará por trazer-lhes a feiúra em vez da beleza tão esperada.

A decisão de ser bela, e sua renovação diária, significa também a opção pelo respeito ao próprio tipo físico e ao estilo individual de beleza. Significa o investimento de sua energia no realce de seus atrativos pessoais, deixando de se comparar com padrões impostos pela mídia que pouco têm a ver com você.

As pessoas não mostram sua beleza

Seja por motivos psicológicos, seja por falta de conhecimento, seja por falta de ações e cuidados diários com a aparência, as pessoas não mostram totalmente a própria beleza. Deixam-se ficar no lugar-comum de um visual sem muita expressão, quando poderiam sobressair deixando sua beleza aflorar.

Pior ainda é quando fixam a atenção somente nos aspectos negativos de sua aparência ou de sua essência. Quem dá muita importância aos aspectos negativos fica cada vez mais amargo, triste e desiludido. Torna-se, assim, a maior vítima da própria insatisfação, e isso se reflete em sua aparência, concretizando, no corpo, a angústia que existe na alma.

E você? Como lida com a aparência? Permite que seu potencial de beleza se manifeste externamente ou também o bloqueia? Como você impede a si mesma de ser mais bela?

Quaisquer que sejam suas respostas a essas perguntas, o importante é aprender a gostar mais de si mesma. Esse é um sentimento que brota da alma e não depende da opinião alheia. Ninguém tem o poder de lhe dar nem de tirar o seu direito de ser sua maior fã a não ser você mesma. Quando, ao se olhar no espelho, não gostar do que vê, não se condene. Em vez disso, procure pensar em coisas práticas a fazer para melhorar seu visual.

A decisão de mostrar sua beleza precisa se manifestar como um sentimento profundo, que nasce bem dentro de você e aflora para realizar seu desejo de ser mais bonita.

TUDO É UMA QUESTÃO DE ESTILO

É sempre sua a escolha de cuidar de sua beleza, em todos os aspectos, para que o mundo a reconheça.

Mas suas escolhas dependem, entre outros fatores, do modo como você lida com a beleza. Você é acomodada, inconformada ou equilibrada?

Mulheres acomodadas

As mulheres acomodadas sempre fazem escolhas menos radicais. São, em geral, avessas a qualquer modificação mais profunda de seu visual. Elas até cuidam da pele, das unhas, dos cabelos e não dispensam um batom de cor suave, mas jamais pensariam em fazer uma plástica, por exemplo, o que, diga-se de passagem, retira suas maiores oportunidades, conquistadas pela medicina da beleza, de melhorar a aparência.

Algumas delas até gostariam de remodelar o nariz, aspirar alguns acúmulos de gordura ou suavizar os sinais da idade, mas, por comodismo, por falta de informações adequadas ou mesmo pela escassez de recursos financeiros optam por ficar como estão.

Em muitos casos, as mulheres acomodadas preferem aderir ao conformismo excessivo com pensamentos enganosos do tipo: "Eu sou assim mesmo, o que vou fazer?", "Quem quiser que goste de mim como sou", ou "Eu é que não vou me matar de esforço para mudar meu visual. Estou bem assim!". Dessa forma, acabam por prejudicar seus relacionamentos afetivos e sociais, sua vida profissional e sua chance de serem mais belas e felizes.

Caso você se identifique com esse tipo, faça uma revolução em seu modo de ser. Vá ao cabeleireiro e peça um novo corte, mude seu estilo de se vestir, almoce com pessoas diferentes de vez em quando, freqüente outros lugares para variar. Aventure-se um pouco mais na busca de coisas novas e abandone o comodismo e o conformismo.

Mulheres inconformadas

Na procura por um visual melhor, a mulher inconformada prefere não impor limites a sua vaidade. Quer sempre mudar, melhorar, destacar-se. "Ou apareço, ou estou morta", diz ela, na tentativa de se justificar.

Algumas, mais ousadas, querem mudar o visual da cabeça aos pés, deixar para trás a feiúra ou a solidão para renascer mais belas, cortejadas e bem-amadas. Fazem questão de desfrutar ao máximo das técnicas de embelezamento, mesmo as mais arriscadas.

As escolhas da mulher inconformada em relação à beleza incluem, muitas vezes, a ousadia de quase se transformar em um clone de sua musa inspiradora. Torna-se óbvio, no entanto, o fato de não ser nada saudável, do ponto de vista comportamental e de satisfação pessoal, o desejo de se transformar em outra pessoa. Esse é um comportamento muito frustrante.

Da mesma forma, em relação à busca da beleza, as atitudes extremas causam distorção e prejuízo. Por isso, em suas escolhas, é preciso ter equilíbrio sempre.

Uma dica para você: invista mais em suas três outras fontes de beleza: intelectual, emocional e espiritual. Quase sempre, quando nossa atenção se fixa somente em um desses aspectos, os outros enfraquecem. Quando se privilegia a aparência física, as demais fontes de beleza praticamente se anulam.

O segredo da recuperação da beleza plena é a decisão de investir – gradativa e regularmente – nos aspectos enfraquecidos. Isso desviará sua atenção dos cuidados excessivos com a aparência física e, pouco a pouco, as demais fontes de beleza se fortalecerão e o equilíbrio se restabelecerá.

Mulheres equilibradas

A mulher equilibrada em relação à aparência também tem suas vaidades e não deixa passar a oportunidade de enxugar uma "pequena gordura" aqui, abrandar uma "pequena ruga" ali nem de tirar um pouco de pele que esteja sobrando nas pálpebras. Mas suas escolhas são conscientes e bem pensadas, conduzindo-a na direção da melhor aparência e levando sempre em conta a realidade pessoal.

Ela faz uma dieta equilibrada e saudável, habitua-se à prática de alguns exercícios físicos, cuida do lado emocional, da paz espiritual e do preparo intelectual, tudo para manter ou aumentar sua beleza de modo integral e balanceado.

Embora não perca a oportunidade de aproveitar os recursos atuais que a medicina da beleza lhe oferece, não relaxe nos cuidados com o corpo nem com a essência; a mulher equilibrada sabe utilizar todos esses recursos com critério e lucidez, sem chegar a extremos doentios.

Mesmo na condição de mulher equilibrada, contudo, você sempre tem a oportunidade de investir um pouco mais nos cuidados consigo mesma e de fazer uma revolução suave em sua vida, de modo a tornar ainda mais belo o que já é bonito em sua pessoa.

As revoluções que ocorrem dentro de nós sempre são bem-vindas porque evitam a estagnação de nossas buscas, o que poderia nos levar de volta ao conformismo e ao comodismo. Lembre-se: beleza nunca é demais. Tenha cuidado com os excessos, mas procure ser mais bonita sempre.

Acomodada, inconformada ou equilibrada? A escolha, novamente, é sua. Você sempre tem o poder de escolher como cuidar da aparência, respeitando suas características, de modo a obter os melhores resultados e se mostrar ainda mais bela ao mundo.

A utilização plena de seu potencial de beleza significa a opção de lançar mão de todos os recursos à disposição para se tornar ainda mais linda. Além disso, tenha em mente a necessidade de buscar o equilíbrio entre esses recursos e sua realidade, para que a beleza que você vai obter seja autêntica, personalizada e duradoura.

CAPÍTULO 3

A atitude de assumir sua beleza

Já que você está lendo este livro, certamente tem refletido sobre os cuidados que precisa tomar com sua beleza. Isso, no final das contas, significa estar atenta aos cuidados que deve ter consigo mesma. Já compreendeu, então, que a mensagem que você mais precisa ter em mente, se quiser de fato ser admirada, é: "Não tenha vergonha de ser bonita".

Não há dúvida de que todos, em maior ou menor grau, temos bloqueios interiores que impedem ou dificultam a realização de determinadas coisas. Trata-se de crenças que, em certos momentos de nossa vida, tiveram sua finalidade, como nos proteger, garantir nossa sobrevivência ou evitar que sofrêssemos, mas que hoje perderam essa função.

Você deve se desfazer dessas crenças erradas e substituí-las por outras mais positivas e adequadas. Basta olhar para dentro de si mesma, descobrir e entender suas limitações e então se desfazer das posturas que não lhe servem mais. Tudo começa com a conquista do autoconhecimento, continua com o desenvolvimento da auto-estima e se mantém com uma atitude firme no propósito de liberar sua beleza.

O trabalho de limpeza das crenças e emoções equivocadas fará, sem dúvida alguma, com que você se torne muito mais bonita, física e emocionalmente.

Se você não está satisfeita com sua beleza e quer mudar isso, chegou a hora de identificar as causas da insegurança que sente e mudar de uma vez por todas sua história. É preciso dizer adeus às limitações que existem em sua mente e que a impedem de manifestar todo o seu esplendor.

Se sua heroína for a Cinderela do conto infantil, talvez a falta de cuidado com a aparência seja seu tipo de impedimento para se tornar mais bonita. Quem sabe você é como Branca de Neve, dando mais importância ao cuidado com os outros do que consigo mesma. Talvez, ainda, em seu papel de Bela Adormecida, você não tenha energia suficiente para cuidar de sua aparência e fique sempre à espera de um homem que a valorize.

Qualquer que seja o papel assumido em sua vida, uma coisa é certa: você pode abandoná-lo e ir à luta por sua beleza, deixando de se sentir como o patinho feio, que suspira de inveja e remorso quando vê um lindo cisne branco passar.

A beleza é apenas conseqüência das opções que você faz, momento após momento. Pode usar roupas que a desvalorizem ou preferir outras que realcem sua beleza natural. Pode optar por um corte de cabelo horroroso ou, quem sabe, por aquele novo corte que favorece seu rosto e deixa à mostra muita beleza que hoje você mantém escondida atrás de um penteado inadequado. Pode, ainda, manter seus dentes desalinhados ou fazer um tratamento de correção dental e cuidar deles com atenção, aproveitando para sorrir mais e mostrá-los com maior freqüência. Pode até ser gorda e desajeitada ou alimentar-se de modo mais saudável e freqüentar uma academia de ginástica.

Você também pode colecionar rugas ou optar por cremes de boa qualidade ou por uma plástica de rejuvenescimento. Pode viver estressada ou fazer caminhadas diárias pelo parque, meditar e relaxar. Pode estar sempre de mau humor ou estabelecer programas divertidos que a estimulem a rir mais e a ficar de bem consigo mesma.

Como nos contos de fadas, a busca da beleza é sempre cercada de muita magia e determinação. Apesar de todas as possíveis dificuldades, você sempre terá o direito – e o poder – de expressar sua beleza no mundo da maneira mais plena e satisfatória.

Da mesma forma que ocorreu no caso do patinho feio, será necessário apenas reconhecer sua beleza, tomar coragem e revelar ao mundo que você é um belo cisne branco.

Como aconteceu com Cinderela, você pode abandonar o modo descuidado e desinteressado de se vestir e de tratar sua aparência e dar realce a sua beleza.

À semelhança de Branca de Neve, você pode, sim, continuar a cuidar daqueles que ama, porém, consciente de que sua pessoa também é importante e merece os mesmos cuidados que dedica aos outros.

À maneira da Bela Adormecida, você pode abandonar o conformismo e investir sua energia naquilo que a torna mais bela e a deixa de bem com a vida. Você pode acordar para sua beleza e expressá-la adequadamente no mundo.

A escolha de ser bonita, sobretudo de ser bela a cada dia, envolve o uso de todas as técnicas e de todos os recursos honestos e confiáveis ao seu alcance para cuidar da beleza, tanto interior quanto exterior.

Assuma sua beleza e todos ganharão com isso, principalmente você.

A FALTA DE BELEZA ESTÁ APENAS NA MENTE DA PESSOA. SEJA, PORTANTO, MAIS GENEROSA CONSIGO MESMA!

"Beleza é fundamental.
Não há meio-termo possível.
É preciso que tudo isso seja belo.
É preciso que tudo isso seja sem ser,
Mas se reflita e desabroche no olhar dos homens.

Ah, deixai-me dizer-vos que é preciso que a mulher que ali está
Seja bela ou tenha pelo menos um rosto que lembre um templo
E seja leve como um resto de nuvem.
Mas que seja uma nuvem com olhos e nádegas.
Nádegas é algo importantíssimo.
Olhos, então, nem se fala; que olhem com certa maldade inocente.
Uma boca fresca (nunca úmida!) e também de extrema pertinência.

Oh, sobretudo que ela,
Em sua incalculável imperfeição,
Constitua a coisa mais bela e mais perfeita de toda a criação inumerável."

(Adaptado de Vinicius de Moraes por Gilberto Cabeggi)

Como diz o poeta, é preciso que a mulher seja bela. Mas ele também diz que a mulher já é bela. Parece contraditório? Mas não é.

Apenas depende do modo como você olha a mensagem que ele deixou. Tudo depende do que você quer ver.

Assim é também com o modo como olha para si mesma. Como você espera ver a si mesma quando se olha no espelho? Espera ver uma mulher feia, ou linda e deslumbrante? Responda com sinceridade a essa pergunta e encontrará o caminho para a realização de sua beleza.

É muito importante saber que, na maioria das vezes em que se olha no espelho, ele mostra uma mulher muito mais bonita do que você vê. Essa é a pura verdade!

Embora as mulheres desejem ser bonitas, tornam-se, em geral, suas maiores críticas, seus piores algozes, e desprezam os próprios sinais evidentes de beleza porque estão em busca de algo mais que ainda não possuem. Tentando viver no futuro, deixam de apreciar sua beleza e sua felicidade no presente.

Afinal, para ser feliz, é preciso apenas gostar do que já se tem. Desfrutando de sua beleza atual, você se tornará mais satisfeita e ainda mais bela. O aprimoramento da beleza será, então, o passo seguinte, que você dará com total naturalidade e confiança.

Toda mulher, com maior ou menor intensidade, gostaria de ficar mais bonita e mais rejuvenescida. Isso só depende dela mesma e tem início com o reconhecimento dos aspectos em que já é bela.

As pessoas buscam o aumento da auto-aceitação e da autoestima e, dessa maneira, melhoram seu prazer de viver. Algumas, ainda, desejam manter ou aprimorar sua força de atração e seu poder de sedução e, assim, procuram viver cercadas de pessoas interessantes e atraentes, cuja companhia é agradável e estimulante.

Nós, normalmente, apreciamos muito o convívio com as outras pessoas, sobretudo com gente bonita. Mas para isso é preciso que também nos julguemos bonitos ou nos sentiremos deslocados dentro do grupo em que vivemos.

Por isso, gostaria de lhe dizer que, sejam quais forem as dificuldades que você venha a enfrentar, saiba que a opção de reconhecer-se bonita será sempre sua. O poder de manifestar sua beleza no mundo está em suas mãos.

A capacidade de ser bela é uma escolha que você pode exercer sempre. Basta conscientizar-se de que, quaisquer que sejam as limitações que impõe à sua beleza, para tudo há solução, e a descoberta das respostas certas só depende de você.

O CAMINHO É ACREDITAR EM VOCÊ

A maioria das mulheres precisa aprender a assumir a própria beleza.

Mas, se você acha que sua aparência não tem mesmo jeito, acalme-se. Para tudo há solução, mesmo que se sinta em desvantagem em relação às outras mulheres.

"Por que aquela mulher faz tanto sucesso e eu não? Não é justo! O que ela tem que eu não tenho?" Muito provavelmente, tem apenas mais disposição para cuidar da própria beleza, e não importa muito se os atributos naturais dela são ou não melhores que os seus.

A grande verdade é a seguinte: quando a mulher não sabe como realçar seus dons de beleza – ou simplesmente não quer fazer isso –, não pode ser páreo para uma pessoa mais bem cuidada e mais elegante.

A comparação negativa a outras mulheres é um passaporte para o inferno mental. Na realidade, na maioria das vezes, as mulheres não se arrumam para encantar os homens, e sim para competir com as outras mulheres. Quando entra em competição, você precisa ter poder e confiança ou fatalmente se sairá muito mal dela.

Vamos, então, começar a trabalhar a seu favor. De início, quero dar algumas sugestões básicas, que lhe trarão certo fôlego durante a caminhada para a realização de sua beleza.

• *A primeira imagem é a que fica*: isso vale também, e principalmente, quando você se olha no espelho pela manhã. A primeira imagem que vê tende a ser aquela que vai carregar pelo resto do dia. Se você gosta dessa imagem, ótimo. Se, porém, não gosta do que vê, faça alguma coisa para mudar sua aparência. Troque de penteado, passe um batom diferente, dê um retoque novo na maquiagem. Depois, respire fundo, feche os olhos e só então volte a se olhar no espelho, gravando na mente essa nova imagem, mais bonita e agradável. Procure ter certeza de que gosta de você ao sair de casa. Afinal, se não apreciou sua imagem, o que poderá esperar dos outros?

• *A melhor roupa para usar no trabalho*: caso você se sinta deslocada no escritório em relação ao vestuário, mude de estilo. Converse com uma amiga que admira porque se veste bem e aprenda a cuidar melhor de si mesma. Adapte seu vestuário às sugestões que receber e passe a tratar com mais atenção dos detalhes que podem torná-la mais atraente. Você se sentirá mais aceita e, portanto, sua auto-estima vai melhorar. Isso é fundamental se realmente quiser ser mais atraente e mais bonita.

• *Sua pele reflete sua saúde*: e, é claro, dá mais beleza ao corpo. Se sua pele está ressecada e sem vida, isso significa que você não tem regado devidamente a flor. Procure usar creme hidratante todos os dias e tome muito líquido, como água, chás sem cafeína e refrescos naturais. Seu organismo vai funcionar melhor e sua pele refletirá isso de imediato. Use sempre filtros protetores caso se exponha ao sol com freqüência.

- *Sensação de peso e indisposição*: procure adotar uma alimentação saudável e imprima um pouco mais de movimento em sua vida. Coma melhor e mexa-se! Além de mais disposta e ágil, você com certeza ficará mais esbelta e sensual.
- *Olhe o lado alegre da vida*: quando você está de bem com a vida, seu corpo todo reflete isso. Em qualquer situação, sempre existe a possibilidade de encontrar o lado positivo. Tudo tem uma razão de ser e tudo passa no devido tempo. Por isso, não leve a vida tão a sério. Relaxe e divirta-se, ria mais. Seja mais feliz. A beleza é muito mais evidente nas pessoas alegres, que demonstram felicidade.

Quando você cuida carinhosamente dos quatro aspectos da beleza – físico, emocional, intelectual e espiritual –, torna-se uma mulher inteiramente bela, como sempre quis ser.

Você já sabe que o aproveitamento de seu potencial maravilhoso para se tornar mais bela significa, antes de tudo, o reconhecimento da mulher bonita que seu espelho reflete. Depois, com base na declaração de beleza que o espelho lhe dá, acredite mais em si mesma e continue investindo no aprimoramento de sua aparência.

Quando gosta do modo como se vê, você ganha forças para melhorar ainda mais. O espelho mostra como está no momento, mas é sempre você que determina o que pode e quer ser.

CAPÍTULO 4

As fontes da beleza integral

As pessoas geralmente descuidam de sua beleza. Mesmo quando cuidam, não tratam dos vários aspectos dessa qualidade.

Algumas só vêem o lado físico e não percebem como a falta de cultura atrapalha a beleza. Outras só vêem a parte espiritual, mas não entendem que um bom corte de cabelo, que combine com sua personalidade, pode criar algumas luzes a mais em seu rosto.

Existem pessoas que se produzem externamente, mas continuam carregando dentro de si emoções negativas e prejudiciais, como raiva descontrolada, tristezas profundas e medos imaginários. É óbvio que tanto negativismo se reflete desfavoravelmente na aparência.

A beleza pede sempre o equilíbrio entre essência e aparência. A falta de desenvolvimento de um desses aspectos torna a pessoa menos bonita do que poderia ser, e seu rosto mostra claramente esse vazio.

Mariana, de 25 anos, solteira, corpo "supersarado", exibe uma aparência exuberante. Passa quase duas horas por dia suando na academia, mantém uma dieta rígida e reforçada por suplementos nutricionais, consulta o cirurgião plástico com freqüência para executar pequenas correções estéticas, e se vale de todos os recursos disponíveis para deixar a pele lisa e aveludada como um pêssego.

Para o corpo, tudo. Mas, na cabeça, nada. Mariana parece não ter nenhum outro interesse além de cuidar do físico. Não investe em cultura, não se atualiza, não se preocupa em aprimorar a mente. Esqueceu-se de ser vaidosa por inteiro. Ficou bonita por fora, mas feia por dentro. E, infelizmente para ela, essa feiúra não fica escondida dentro de seu cérebro, pois se manifesta na expressão desinteressante.

Para completar seu espartano culto ao corpo, Mariana usa e abusa do bronzeamento artificial, que deixa a pele torrada, dos cremes à base de ácidos rejuvenescedores, que descascam sua face como se fosse uma cobra, das sofridas injeções de botox, colágeno e outros paliativos. Faz tantos sacrifícios pelo corpo, mas se esquece de cuidar de outro aspecto também importante: o espírito. E sua expressão permanece fria. Como se apóia apenas na beleza física e não valoriza as outras facetas, seu coração não se expressa adequadamente e seus olhos ficam vazios.

O desenvolvimento da aparência física é fundamental, mas existem outras fontes de beleza que, devidamente exploradas, tornam você irresistível. Mas tudo é uma questão de conjunto. Não é possível cuidar de um lado e descuidar de outro.

Você não pode ser bonita pela metade. Isso é parecido com a gravidez: ou se está grávida ou não. É impossível estar "meio grávida". Da mesma forma, você não pode ser bonita em alguns aspectos e feia em outros. A feiúra parcial contamina a beleza parcial e não deixa que esta se manifeste plenamente. A beleza precisa ser total. É necessário buscar sempre a beleza integral.

Esse é um conceito que procura estimular a beleza partindo de todas as fontes de riqueza do ser humano. Quem deseja saúde e boa aparência precisa estabelecer a harmonia entre os vários aspectos de seu ser.

Nesse tempo todo em que tenho ajudado tantas mulheres a desenvolver seu lado estético, percebi que existem quatro fontes de beleza: física, intelectual, emocional e espiritual. A soma de todos esses aspectos compõe a beleza integral.

Quanto mais e melhor as pessoas desenvolverem todos esses aspectos, maior será a beleza obtida como resultado de seus esforços. Cuidar somente do corpo físico é uma ação muito limitada, mas tratar apenas do lado emocional, por exemplo, é insuficiente. É do equilíbrio dessas quatro fontes que nasce a beleza plena do ser humano.

A beleza física contribui com a elevação da auto-estima, melhorando o lado emocional. A beleza intelectual dá consistência à aparência física, e a parte espiritual atua como um fluido que lubrifica e conduz os outros três aspectos e deles também se beneficia. A essa interação positiva chamamos equilíbrio, e graças a ele ocorre a beleza de modo completo.

Apesar de ter escrito este livro para as mulheres, os mesmos conceitos valem também para os homens. Você já imaginou um homem belo fisicamente, de alto-astral, culto, capaz de manter uma conversa profunda e brilhante e, sobretudo, dono de uma paz de espírito contagiante? Seria simplesmente irresistível, não é mesmo?

É exatamente aí que quero chegar: a mesma coisa vale para você. Se seu sonho é encontrar um homem que tenha essas características, pode ter certeza de que todos vão adorar conhecê-la quando assumir essas mesmas qualidades.

Você já investiu em tantas coisas na vida, não é? Agora chegou a hora de investir com força em si mesma. Para começar, lembre-se: a beleza é unicamente a conseqüência de suas escolhas e decisões. Essa é uma forma de magia que está, e sempre esteve, em suas mãos.

Mas, por favor, não crie mais um motivo de angústia buscando a perfeição em todos os aspectos de sua beleza. Vá devagar. Invista aos poucos em cada uma das fontes da beleza, consciente, tranqüila e constantemente. Um dia, ao acordar, você vai perceber a revolução total que fez em sua vida.

A beleza integral pode ser alcançada. Para conquistá-la, além do propósito e do compromisso consigo mesma, são necessários alguns esclarecimentos e orientações. Eis nosso próximo passo: vou dar-lhe as dicas essenciais para revelar sua beleza integral.

A FONTE DA BELEZA FÍSICA

Parece um tanto óbvio, mas precisamos destacar: as pessoas que se cuidam fisicamente são mais bonitas.

O carinho com que cuida de seu corpo demonstra o quanto você é realmente bela. Quando trata da aparência física, passa a si mesma a mensagem de que se considera importante e mostra ao mundo que é cuidadosa com a imagem que transmite. Isso inspira mais confiança nas pessoas com quem você se relaciona e a ajuda a gostar mais de si mesma.

O cuidado com o corpo físico se reflete, de modo geral, também na beleza interior, e vice-versa. A beleza é, sem dúvida, um conceito estético. Mas o esplendor de seu corpo evidencia essa beleza, quer se origine de cuidados com o próprio físico, quer de cuidados com o eu interior, e se amplia graças aos cuidados dedicados a ambos.

A palavra-chave da beleza física é *equilíbrio*. Isso significa boa alimentação, repouso adequado, exercícios físicos regulares e bem orientados, e aproveitamento inteligente dos modernos recursos da medicina estética, tudo isso aliado aos cuidados com a essência.

Cuidar da beleza física é cuidar de uma parte importante da beleza integral. Trate bem dela e verá sua auto-estima elevar-se, o que a estimulará a desenvolver também os outros aspectos da beleza.

Quais são os cuidados principais com o corpo? O que exatamente significa cuidar da beleza física? Vamos analisar algumas das respostas a essas perguntas.

Evite os resíduos

A medicina *ayurvédica* diz que não devemos carregar em nosso corpo os detritos do dia anterior. O hábito de manter o organismo limpo é fundamental para a vivência e para a revelação de toda a leveza de nosso ser.

Se alguém lhe disser que não se deve jogar detritos na Baía de Guanabara, com certeza entenderá o motivo: o mar tem capacidade limitada de oxigenar a água e processar esses detritos. Quando a quantidade de resíduos existente na água ultrapassa esses limites, alguns sinais de alerta se manifestam: a vida marinha começa a desaparecer e a água se torna turva e malcheirosa.

Quando se jogam grandes quantidades de gases poluentes na atmosfera, o que acontece? Criam-se resíduos tóxicos que reduzem sensivelmente a qualidade do ar, o que degrada toda a vida da região afetada.

O uso inadequado e excessivo de agrotóxicos deixa resíduos nos alimentos, tornando-os um risco para a saúde de quem os consome.

Em resumo, estamos falando dos resíduos que se formam na natureza por causa de situações que extrapolam os limites do bom senso.

Como você pensa que se comporta o corpo humano? Esse conceito também se aplica ao organismo. Se seus hábitos de vida provocam resíduos no corpo, vai chegar o momento em que ele deixará de funcionar adequadamente. Os primeiros sinais de perigo vêm com a degradação da aparência. Quanto mais resíduos se acumularem em seu corpo – quanto mais detritos do dia anterior ficarem retidos em seu organismo –, mais feia você se tornará.

Mas o que são esses resíduos e como evitar seu acúmulo em nosso corpo? Vejamos:

O consumo excessivo de carne vermelha deixa resíduos no organismo. O abuso de gorduras e de doces ou de alimentos ricos em sal ou açúcar também deixa resíduos. O corpo fica, então, pesado, gordo, deselegante, feio.

A falta de exercícios físicos provoca a formação de resíduos, pois torna a musculatura, a capacidade pulmonar e a circulação sanguínea deficientes, dificultando a eliminação das substâncias tóxicas e favorecendo, portanto, seu acúmulo.

O repouso insuficiente deixa resíduos no corpo, pois o estresse e o cansaço acumulados dificultam o funcionamento adequado dos órgãos internos, interferindo também de modo negativo na eliminação de toxinas.

O consumo excessivo de bebidas alcoólicas deixa resíduos preocupantes, você pode perceber isso claramente no inchaço do rosto dos alcoólatras. O cigarro libera quantidades enormes de resíduos, facilmente percebidos na tosse irritante e no cheiro característico dos fumantes. As drogas deixam resíduos irreversíveis. As pessoas que têm vícios acabam por ficar feias física, emocional, mental e espiritualmente.

Se você quer ser bela, precisa, antes de tudo, tomar consciência da forma como cuida de seu corpo. Evite tratá-lo como se fosse uma lata de lixo. Adote atitudes que respeitem sua saúde e favoreçam o perfeito funcionamento de seu organismo.

Fuja dos vícios, alimente-se de modo saudável – coma menos e prefira, sobretudo, refeições leves –, durma o suficiente, pratique exercícios regularmente, evitando excessos, pois o abuso de atividade física deixa ácido lático nos músculos, o que provoca dores. E as pessoas que sentem dor não conseguem ficar bonitas.

Lembre-se sempre de que qualquer excesso deixa muitos resíduos no corpo. Seja moderada e consciente em sua maneira de cuidar de si mesma.

Isso com certeza vai ajudá-la a evitar o acúmulo de resíduos em seu organismo, e permitirá que seu corpo respire mais livremente, tornando-a mais bela.

Alimentação equilibrada

A alimentação equilibrada, com uma dieta balanceada e rica em nutrientes naturais, é um dos segredos de um ótimo tratamento de beleza.

Isso é o que todo mundo já sabe. Mas poucas pessoas percebem que sua atitude mental na hora de comer é tão importante quanto o cuidado com a escolha dos alimentos.

Não há necessidade, por exemplo, de angustiar-se na hora das refeições somente porque você se propôs uma alimentação mais saudável e equilibrada. Não é preciso preocupar-se mais com a quantidade de calorias consumidas do que com o próprio prazer de comer. A alimentação saudável deve ser prazerosa, e não uma simples contagem de calorias.

Mas, para que isso aconteça, além de ter um plano de alimentação sadio e adequado, você precisa da atitude correta na hora de comer.

Umas das maiores verdades sobre o assunto diz que comemos primeiro com os olhos e com o nariz e depois com a boca. Isso significa que tão importantes quanto o sabor do alimento são a aparência – cores, arranjos – e o aroma. A arte de se alimentar bem e com prazer significa desfrutar calma e tranqüilamente de todos esses aspectos. Dessa maneira, o alimento satisfaz mais não só ao corpo físico como também ao lado emocional e espiritual.

Para aliviar um pouco sua ansiedade, caso uma dieta de qualidade superior seja sua meta, saiba que, mesmo que atinja somente a metade desse objetivo, já terá melhorado muito seu estilo de alimentação. O importante é começar e depois se manter calmamente no caminho certo sem fazer a si mesmo cobranças constantes e doentias dos resultados.

O grande problema é que muita gente relaxa de tal maneira nos cuidados com a dieta que acaba por não fazer nada para melhorar. Torna-se difícil, assim, conseguir resultados positivos para a beleza e para a saúde.

Quando fica atenta a esses detalhes, você passa a evitar os excessos alimentares, come sem tensões e logo começa a ver os resultados positivos. Um dia observa que sua pele está mais aveludada, outro dia nota que suas olheiras desapareceram e aos poucos percebe que seus olhos ficaram mais brilhantes e a balança já está mais amigável.

Além de não deixar resíduos no corpo e melhorar a aparência física, a alimentação saudável vai, é claro, manter seu peso dentro de valores mais compatíveis com sua estatura.

Existem algumas outras recomendações e atitudes saudáveis que convém ter sempre em mente em relação à alimentação quando o objetivo é obter saúde e beleza física:

- Faça suas refeições com tempo e sem pressa. Desfrute do sabor dos alimentos: aprecie sua cor, seu aroma e seu sabor. Tenha prazer em comer, e coma de modo inteligente, sabendo escolher alimentos saudáveis e leves, que não sobrecarreguem o organismo. Sinta-se bem antes, durante e depois das refeições.

• Almoce, de preferência, com uma pessoa agradável, de quem você goste. Mantenha conversas positivas e estimulantes. O prazer de uma refeição em boa companhia tem influência incomparável sobre a saúde física.

• Coma apenas quando estiver realmente com fome e nunca use os alimentos como substitutivos de ordem emocional.

• Faça várias pequenas refeições saudáveis por dia em vez de uma ou duas refeições maiores e mais pesadas.

• Institua o Dia da Pizza, ou do cachorro-quente, do hambúrguer ou de outro alimento qualquer que você adora, mas não convém consumir. Nesse dia, permita-se comer esses alimentos, é claro, sempre com moderação. A idéia é eliminar de sua mente aquela sensação de privação tão comum quando se fala em alimentação saudável e que acaba por sabotar os melhores planos de dieta.

É claro que essas são recomendações básicas que ajudarão você a se alimentar de modo mais adequado, além de contribuir muito com a melhora de sua beleza física. Mas também recomendo investir algum tempo em informações sobre alimentação saudável e em consultas a profissionais da área de nutrição para ter condições de decidir melhor o que lhe convém consumir (e quanto) e o que deve definitivamente evitar.

De qualquer modo, o mais importante em termos de alimentação saudável é também o mais óbvio: coma com moderação. Caso fique "estufado" após uma refeição, isso é sinal claro de que passou do ponto, excedeu os limites. Seu corpo vai sofrer para fazer a digestão, e muitos resíduos ficarão acumulados no organismo. A gula e o excesso de comida são nossos maiores problemas alimentares.

Além de não deixar resíduos no corpo, a alimentação favorável à beleza é muito importante na prevenção da flacidez da pele e dos músculos, da celulite, das estrias e do envelhecimento precoce, mantendo a aparência sempre saudável.

A beleza e a saúde giram sempre em torno da boa alimentação. De nada adiantará investir tempo e dinheiro em tratamentos de beleza e academias de ginástica se você insistir em comer de modo totalmente irresponsável.

A consciência e o compromisso em relação à saúde e à beleza são o primeiro passo de toda pessoa que deseja adotar uma dieta saudável. Só a reeducação alimentar proporciona resultados definitivos.

As ansiedades da vida moderna devem ser compensadas pela busca de equilíbrio emocional e pela prática de exercícios físicos ou de técnicas de relaxamento, e nunca pela alimentação descontrolada.

Não deixe que o desequilíbrio emocional, a tristeza ou a frustração façam suas escolhas por você na hora das refeições. A tentativa de se acalmar ou de resolver seus problemas emocionais com o excesso de comida é um caminho perigoso. Não faça dos alimentos um consolo nem uma válvula de escape.

Em matéria de alimentação, o ideal é comer de tudo um pouco, e comer pouco, sem exageros. Se você deseja manter a aparência bonita e o organismo saudável, capriche sempre na qualidade de suas refeições. Coma de modo inteligente.

Atividades físicas

É muito importante fazer um trabalho aeróbico diário para aprimorar a saúde e a beleza física. A oxigenação extra que você consegue melhora o aspecto de sua pele e os contornos de seu corpo, além de aumentar sua disposição.

As praticantes regulares de exercícios físicos são mais saudáveis e bonitas. Vivem mais e melhor. O importante é se mexer. Ouça seu corpo e escolha a atividade física que mais a satisfaz. Como em tudo na vida, busque o prazer pessoal antes de tudo.

Caminhe, corra, nade, pedale ou dance. É interessante variar os exercícios para não cair na rotina e não sobrecarregar alguns grupos musculares.

Aproveite as atividades do dia-a-dia. Saia a pé para fazer compras, suba escadas, passeie no parque mais próximo. O corpo humano necessita de movimento. Os músculos não podem parar. Os confortos da vida moderna favorecem o sedentarismo, mas é preciso reagir à moleza. Os compromissos, o trabalho e as preocupações consomem nossa energia e fazem de um sofá ou de uma cama o lugar mais atraente no fim do dia. Ficamos, assim, cada vez mais flácidos, e as formas de nosso corpo vão se arredondando.

Não há dúvida de que um programa de exercícios orientado por um profissional da área e aprovado e acompanhado por seu médico sempre será a melhor opção. Mas você também pode, por exemplo, programar caminhadas diárias de trinta minutos ou mesmo subir 100 degraus de escada todos os dias. Não é muito: basta subir um andar pelas escadas cada vez que sair de casa ou de sua sala de trabalho. Isso já será suficiente para melhorar a circulação sanguínea, aumentar a capacidade pulmonar, dar novo contorno ao corpo e tornar a pele e a aparência bem mais saudáveis.

Lembre-se, porém, de uma coisa muito importante: quanto mais sedentária for sua vida atual ou mais delicado seu histórico de saúde, maior a necessidade de uma consulta ao médico antes de iniciar uma nova rotina de exercícios físicos, e talvez até seja preciso o acompanhamento constante desse profissional conforme a evolução de suas condições orgânicas e o nível dos exercícios.

Mas atente para um detalhe: é muito melhor manter a prática de alguns exercícios moderados durante os 365 dias do ano do que freqüentar a academia de ginástica só no verão e afundar-se no sofá durante o resto do tempo. Regularidade e constância são palavras-chave nesse caso.

Repouse bem

O sono também é um elemento importante na manutenção da beleza. Procure dormir regularmente, de acordo com as condições mais adequadas a seu organismo.

Além das inúmeras outras vantagens que uma boa noite de sono oferece, pesquisas recentes garantem que dormir bem emagrece. Segundo se apurou, uma noite de sono reparador controla a fome e aumenta a sensação de saciedade, além de diminuir o estresse e a ansiedade, tradicionais "gatilhos" que induzem as pessoas a comer mesmo quando não estão com fome física, e sim com fome emocional. Um bom sono, portanto, ajuda a emagrecer, além de garantir melhor qualidade de vida.

Sete a oito horas de sono por noite é o que se considera recomendável na maioria dos casos, mas isso pode variar de pessoa para pessoa. Um repouso reparador, que favorece a boa disposição pela manhã, é a medida certa para avaliar o número de horas de sono de que você necessita. Essa deve ser uma prioridade se quiser cuidar direito de sua beleza.

Só tem saúde e beleza quem dorme bem. Muitas pessoas não dão o devido valor ao sono. Pensam que dormir é perda de tempo. Sono é vida. O repouso renovador garante em grande parte a beleza integral.

Produtos de beleza

Os produtos cosméticos são desenvolvidos para cuidar da pele e dos cabelos de modo a tornar você ainda mais bonita. Procure, porém, usar sempre produtos naturais, de marcas respeitadas e confiáveis, que não envolvam, na composição nem na fabricação, substâncias químicas agressivas ao organismo.

É importante ter no dia-a-dia alguns cuidados básicos com a aparência. Não saia de casa, por exemplo, sem antes dispensar algum tempo aos cuidados com o rosto e com os cabelos para que seu visual tenha sempre um ar saudável e bem-disposto. Se você passa muitas horas ao ar livre ou no trânsito, exposta à luz do sol, habitue-se a usar filtro solar e também hidratantes para evitar danos, sobretudo à pele do rosto e dos braços.

Cuide de seus cabelos diariamente, com carinho, selecionando os xampus, óleos hidratantes e condicionadores mais adequados a seu tipo. Lembre-se de que os cabelos contribuem de maneira significativa para a sua beleza. Corte-os com freqüência e procure submetê-los aos cuidados de profissionais competentes para que o estilo do penteado e a saúde dos cabelos combinem sempre com seu padrão de beleza.

É importante lembrar sempre que os produtos cosméticos são excelentes aliados da beleza da pele. Mas, na escolha desses produtos, é fundamental levar em conta dois fatores principais: seu tipo de pele e sua idade. Com base nessas considerações, você poderá optar por cosméticos que lhe trarão os melhores resultados.

Tão importante quanto a escolha dos produtos certos para sua beleza é o próprio modo como você os aplica. Tudo deve ser feito como uma espécie de ritual, com amor e deleite. Ao passar creme no corpo, aproveite para se massagear carinhosamente. Ao aplicar batom, olhe para si mesma no espelho, admire os contornos de seus lábios, delicie-se com o brilho de seus olhos. Diga a seu corpo, com toques e carícias, que você sente amor por ele e repita que cuidar dele só lhe dá prazer.

É essencial tratar o corpo com respeito, carinho e dedicação. Tudo aquilo de que você cuida se desenvolve. E, quando trata sua beleza física, com amor ela desabrocha nas mais lindas formas, cores e perfumes.

Vista-se bem para mostrar sua beleza

Seu jeito de ser bela pode se manifestar de diversas maneiras dentre as quais, certamente, o modo de se vestir é muito importante. A mesma atenção que você dispensa aos cuidados com o corpo deve ser dada ao estilo de suas roupas. Não adianta cuidar meticulosamente da beleza física e usar trajes inadequados e descuidados, que desvalorizam a aparência.

É interessante o fato de que, em relação à escolha das roupas, as mulheres podem ser classificadas em três grupos: as que se vestem para si mesmas, as que se vestem para as outras mulheres e as que se vestem para os homens.

As mulheres que se vestem para os homens costumam ser muito seguras de seus atrativos físicos e exibem decotes, fendas, saias curtas, roupas justas e tudo o mais para se mostrar sensuais e provocantes, mas precisam tomar muito cuidado para não exagerar na dose a ponto de parecerem vulgares.

Aquelas que se vestem para si mesmas preocupam-se com o conforto em primeiro lugar, e a aparência fica em segundo plano.

Já as mulheres que se vestem para as outras mulheres costumam dar muita importância ao que está na moda e às grifes famosas.

Embora o ideal seja a combinação dessas três características, o que parece predominar é o impulso de se vestir para as outras mulheres.

É importante, em relação ao estilo de se vestir, lembrar sempre que as roupas devem servir para ressaltar seus dotes físicos, e nunca para ofuscá-los nem comprometê-los. Por isso, prefira roupas que lhe acrescentem beleza e elegância, pela cor, pelo corte ou pelo tecido. Fique atenta ao caimento correto, ao comprimento ideal, à estrutura bem-proporcionada, ao toque personalizado.

A fidelidade incondicional à moda não é a melhor opção, embora muitas mulheres pensem o contrário. Para estar bem vestida é preciso conhecer e respeitar seu estilo físico e seu modo particular de ser. E, é claro, adaptar-se ao evento social, ao programa ou ao momento pessoal que você está vivendo.

Lembre-se de que o modo de se vestir revela muito de sua personalidade. Assim, procure escolher roupas que combinem com você, com as quais se sinta bem. Na dúvida, prefira um estilo mais simples, de pronunciado bom gosto. Evite os extremos e pense também no conforto. "O luxo tem de ser confortável ou não é luxo", aconselhava Coco Chanel.

Apenas para complementar, tenha em mente que suas mãos estão quase sempre à mostra, movimentam-se muito e aparecem bastante conforme você fala. O modo como cuida delas, portanto, também é um indicador importante de seu estilo e um fator fundamental de sua beleza. Unhas curtas, pintadas com cores claras, indicam uma tendência suave, elegante e discreta. Unhas longas e pintadas com cores fortes denotam exotismo e sensualidade, um estilo mais marcante, mas nem sempre conveniente.

Seja qual for sua escolha, porém, é vital manter as unhas sempre impecavelmente limpas para reforçar sua beleza e evidenciar os cuidados consigo mesma e com sua aparência.

Cirurgia plástica

Essa é minha especialidade. Muito embora alguns profissionais cometam excessos nessa área, a cirurgia plástica pode ser um instrumento maravilhoso de transformação. Ela faz parte da solução de muitas questões estéticas e torna sua beleza ainda mais evidente e duradoura. Com ela, o processo de conquista e de manutenção da beleza fica mais rápido e fácil. Em muitos casos, a plástica é uma opção de resultados fantásticos.

Na grande maioria das vezes, as pessoas têm uma coisinha aqui e outra ali que, melhoradas pela cirurgia plástica, proporcionam um toque especial de beleza ou juventude.

A cirurgia plástica se tornou uma verdadeira arte. Consegue transformar um rosto cansado e caído, dando-lhe aparência mais jovem e expressiva sem artificialismos. Graças a ela, é possível atenuar os sinais da idade com o máximo de naturalidade.

Mas é importante lembrar que fazer uma plástica é como ganhar um quadro lindo para decorar sua sala de estar. Se você não cuidar da aparência da sala e de toda a casa, o quadro vai destoar. Sua beleza fará pouca diferença, pois se perderá na desordem do cenário. Um único elemento de beleza não surte grande efeito nos ambientes malcuidados.

Uma plástica nos seios vai torná-los mais bonitos, mas a pessoa precisará cuidar também do restante do corpo para harmonizar sua aparência e ressaltar a nova beleza dos seios. É preciso cuidar de você mesma por inteiro para que os bons resultados de uma plástica sejam mais bem aproveitados.

Mas o melhor dessa questão é o fato de que, se uma pessoa opta por uma cirurgia de embelezamento ou rejuvenescimento, passa a se sentir como se houvesse feito uma intervenção também na alma. Em outras palavras, sua auto-estima se eleva tanto que ela procura cuidar-se mais e melhor. E isso a torna ainda mais bonita.

Larissa, mulher tímida nascida no interior de São Paulo, tinha a aparência bonita e sensual, mas via nessa qualidade uma desgraça. Por isso, entupia-se de doces e chocolates e não conseguia manter os resultados dos regimes. Na realidade, em seu íntimo, ela queria continuar gordinha e recatada, embora o marido a desejasse esbelta e sensual.

Depois de examiná-la e de ouvir sua história e suas queixas, sugeri que aumentasse os seios, muito pequenos, com a colocação de próteses de silicone. Isso poderia servir de impulso para sua auto-estima, além de favorecer a liberação da libido.

E foi o que ocorreu. Depois da plástica, ela se sentiu outra mulher. Reestruturou seus hábitos alimentares, intensificou as atividades físicas, tornou-se mais atraente e sensual. O aumento dos seios melhorou sua auto-estima, despertou sua feminilidade e a ajudou a liberar sua sexualidade.

Esse foi um caso, dentre tantos outros, em que uma plástica bem indicada pode dar mais resultado do que vários anos de psicoterapia.

A cirurgia plástica é uma opção maravilhosa se for adequada e bem aplicada. Além de proporcionar resultados excelentes na conquista da beleza, tem também efeito bastante positivo no aspecto mental, emocional e espiritual quando a pessoa busca a intervenção cirúrgica de modo consciente, responsável e realista.

As pessoas saudáveis são mais bonitas

Uma pessoa sempre indisposta, que reclama constantemente de dores aqui e ali, além de não ser uma companhia agradável, tampouco apresenta uma fisionomia muito bonita, não é verdade?

Uma mulher que caminha curvada, com dores lombares, não nos parece muito bela, da mesma forma que outra, cujos dentes estão malcuidados, não pode exibir um sorriso bonito. Concorda?

Por que, se alguém está de mau humor, costumamos dizer que "não anda bem do fígado"? Será que não é exatamente porque os mal-estares do fígado se refletem diretamente no humor? As pessoas mal-humoradas, com toda a certeza, tornam-se menos bonitas.

A atenção com a saúde geral, com a alimentação e com as condições físicas é fundamental para a beleza. Por isso, faça acompanhamento médico com regularidade, compreenda, aceite e respeite as mudanças próprias do envelhecimento, vá ao dentista com freqüência e acate as limitações de sua idade e de seu porte físico.

Cuide da saúde como o bem precioso que é, e, com certeza, você se tornará mais bela. Não economize cuidados com sua saúde física, mental e espiritual. Alimente-se corretamente, faça ginástica, caminhe, durma o suficiente, leia bons livros e assista a bons filmes, medite e tenha sempre esperança de que os dias serão cada vez melhores. As pessoas saudáveis são, de fato, mais bonitas. A saúde depende, em essência, da decisão de cuidar adequada e carinhosamente de si mesma.

A FONTE DA BELEZA EMOCIONAL

As pessoas de bem com suas emoções são mais bonitas

Estar de bem com as emoções é o mesmo que estar de bem com a vida.

Acredito que já tenha ouvido alguém comentar: "Nossa, hoje você está de bem com a vida, não é mesmo?". E, com toda a certeza, disseram-lhe isso em um daqueles dias em que você estava radiante, feliz, vendo aflorar suas melhores e mais autênticas emoções. Isso ficava evidente em seu olhar, em seu comportamento, em seus movimentos.

Em outras palavras, você estava mais bonita naquele dia, pois, quando fica de bem com as emoções, sua beleza se evidencia.

Mas de que emoções estamos falando? E o que significa estar de bem com elas?

Esse é um ponto bastante interessante, que merece melhor esclarecimento. Estar de bem com suas emoções significa deixar que elas fluam naturalmente. Significa também permitir a si mesma ser autêntica em relação ao que sente ou ainda expressar suas emoções genuínas sem tentar disfarçá-las e sem considerá-las inadequadas. E o que isso quer dizer? Vamos entender juntos:

Segundo Eric Berne, o pai da análise transacional, são apenas cinco as emoções autênticas do ser humano: *alegria, afeto, medo, tristeza e raiva.* Quaisquer outras manifestações que chamemos de emoção constituem, na realidade, variantes de um desses sentimentos.

Ocorre que, com freqüência, somos incapazes de expressar determinada emoção e acabamos por disfarçá-la, mostrando-a como se fosse outra. Podemos, por exemplo, estar com *medo* de sermos rejeitados e demonstrarmos *raiva* às pessoas que se aproximam de nós. Talvez tenhamos *raiva* de alguma coisa que nos fizeram, mas demonstramos *tristeza.*

O fato é que, sempre que expressamos uma emoção para disfarçar outra, mais autêntica, acumulamos resíduos emocionais negativos que prejudicam a revelação de nossa beleza.

Quer um exemplo? Imagine que um colega de trabalho aprontou "uma daquelas" com você, deixando-a em má situação diante de toda a equipe. A emoção autêntica e adequada nesse caso seria a *raiva* desse indivíduo. Mas, como você sempre aprendeu que ter *raiva* dos outros não é bom, prefere demonstrar *tristeza* com a situação. No íntimo, porém, sente mesmo é raiva. Como acha que ficaria sua aparência nesse e em todos os momentos em que recordasse a situação? Péssima, não é?

Se você demonstrar tristeza, quando na realidade sente raiva, ficará frustrada e criará para si mesma um sentimento de inadequação e impotência. Mais tarde, esses resíduos emocionais negativos irão aflorar e prejudicar sua aparência.

O que fazer então? Eis aqui algumas dicas para ajudá-la a ficar sempre de bem com suas emoções:

• Deixe que as emoções autênticas fluam com naturalidade e não se policie julgando se é ou não conveniente expressá-las. Em outras palavras, seja sempre autêntica em suas reações. Perceba o que sente em cada situação e expresse seus sentimentos verdadeiramente. Não disfarce suas emoções.

• Habitue-se a falar sobre sentimentos, emoções e relacionamentos com as pessoas com quem convive e que são importantes para você.

- Procure adotar um ritmo adequado em suas atividades diárias, evitando sobrecarregar-se com compromissos excessivos.
- Participe apenas de atividades e grupos que realmente lhe interessam e agradam. Evite situações que não a satisfazem, não faça nada apenas por obrigação social.
- Afaste-se das pessoas de baixo-astral, principalmente de gente invejosa. Há aqueles que secam até espada-de-são-jorge de tanta inveja que têm! Afaste-se deles e, aos poucos, deixe-os seguirem o próprio caminho em paz.
- Habitue-se a praticar diariamente as atividades que lhe dão prazer.
- Passe boa parte de seu tempo na companhia das pessoas que ama.
- Reserve também um período semanal para estar só consigo mesma. Medite, caminhe, faça algum exercício relaxante, cuide-se, enfim, e fique integralmente com você mesma. Aprenda a olhar para seu íntimo e a identificar suas emoções autênticas no momento em que se manifestam. Depois expresse-as adequadamente.

E lembre-se: as pessoas que vivem de bem com suas emoções são muito mais bonitas.

Limpe os resíduos emocionais

Não devemos permitir o acúmulo de resíduos emocionais. Quase sempre negativos, eles acabam por se manifestar na forma de mau humor, atitudes grosseiras e reações bruscas com as pessoas, o que tira muito de nossa beleza.

Além disso, resíduos emocionais acumulados acabam também por se refletir no corpo físico, gerando rugas, depressão e tristezas que ficam evidentes na postura, no olhar e na linguagem corporal.

Vamos dar um exemplo: se você tiver uma decepção eventual, seu coração vai processar o fato e eliminar os resíduos sem grandes prejuízos. Mas, se você estiver casada com um homem que sempre a humilha, ao longo do tempo seu rosto acabará mostrando rugas profundas, como cicatrizes dos ferimentos que lhe atingiram a alma.

A atitude mais sábia, nesse caso, é processar e eliminar esses resíduos emocionais negativos da melhor forma possível e, sobretudo, sair da situação de impasse.

Existe sempre a opção de manter relacionamentos que lhe fazem mal ou procurar outros melhores, que só lhe façam bem. Você pode entregar-se ao papel de vítima da situação e das atitudes dos outros e sofrer com isso, mas pode também trabalhar bem a autoconfiança e a auto-estima, fortalecendo seu poder de defesa.

Sempre que transfere a responsabilidade por sua felicidade às mãos dos outros, você sofre e acumula resíduos emocionais. Pelo contrário, toda vez que chama para si mesma a responsabilidade por seu modo de ser e sentir, ganha a liberdade de optar por coisas que a agradam e a tornam satisfeita consigo mesma, e isso é cuidar bem de sua beleza emocional, parte tão importante da beleza integral que você mostra ao mundo.

As pessoas autoconfiantes são mais bonitas

A autoconfiança é fundamental na composição da beleza. Pessoas autoconfiantes têm boa auto-estima, o que produz uma auto-imagem positiva e agradável. E isso se reflete diretamente na aparência.

De todas as formas de expressão da beleza, uma das mais marcantes é a autoconfiança. Não basta apenas estar bela, é preciso também sentir-se bela e acreditar na beleza que possui e na pessoa incrível que você é.

A auto-imagem positiva, aliás, é tanto uma questão de auto-estima desenvolvida quanto de beleza física. A aparência é importante na construção da auto-imagem, mas tão relevante quanto a imagem real que o espelho reflete é a forma como você a sente e a interpreta.

Quando você não tem confiança em si mesma, as dúvidas sobre sua capacidade causam impactos negativos em todos os aspectos de sua vida, impedindo, inclusive, a manifestação plena de sua beleza.

Pare agora por um momento e avalie como está sua autoconfiança respondendo mentalmente às seguintes questões:

- Você tem medo de falar em público?
- Duvida constantemente de sua capacidade de fazer coisas novas?
- Hesita sempre antes de tomar uma decisão mesmo que seja corriqueira?
- Você normalmente se coloca em posição inferior aos outros?
- Permite que os outros a menosprezem?
- Tem medo de puxar conversa com desconhecidos ou com pessoas com as quais não tem muita intimidade?
- Você é incapaz de dizer "não" mesmo quando tem vontade?

Creio que já tem idéia de como anda sua autoconfiança, não é mesmo? Se você respondeu "sim" à maior parte das perguntas, precisa desenvolvê-la melhor.

Mas não se preocupe se o resultado do teste foi um tanto desanimador. A autoconfiança pode ser exercitada e cultivada de modo simples. Basta que você decida encarar a vida com otimismo e com boa vontade; basta que se proponha a enfrentar as situações que a assustam e a fazer tudo de modo mais positivo e diferente do que tem feito até agora.

É claro que, para obter resultados mais rápidos, coerentes e eficazes na conquista da autoconfiança, será excelente contar com o auxílio de profissionais qualificados dessa área de atuação, como psicólogos e psicoterapeutas, ou mesmo algum mentor espiritual que a inspire positivamente. Dessa maneira, você eliminará, de imediato, o medo de arriscar a fazer as coisas de modo diferente, tão próprio das pessoas cuja autoconfiança está abalada.

Invista em sua capacidade de se valorizar. Aprenda a confiar mais em si mesma, comporte-se como uma mulher bonita e conquiste seu espaço no universo da beleza. As atitudes confiantes favorecem a boa aparência. Coisas simples, como um modo gentil de falar, um jeito elegante de andar, de se sentar, de olhar com serenidade e ternura, exalam autoconfiança e leveza. Deixe, portanto, que isso faça parte de seu estilo e torne-se ainda mais bela.

Suas atitudes criam sua beleza

Uma pessoa gentil é basicamente bonita. Uma atitude gentil faz com que você se destaque de modo positivo no meio da multidão. A gentileza, por si só, torna as pessoas mais belas.

Pense nisto: você se aproxima de uma porta e um homem se apressa a abri-la para lhe dar passagem. Como olha para ele? É bem provável que o enxergue com "olhos de quem vê a beleza"; você provavelmente sorrirá, sentindo-se a mulher mais bonita do mundo, e dirá a si mesma: "Como ele é gentil!". Nessa forma de se expressar, você vai admirar na pessoa uma característica que a torna bela a seus olhos. E essa impressão voltará a sua mente todas as vezes que reencontrar aquele "homem tão gentil".

Da mesma forma, seja gentil com uma senhora que necessita de ajuda, com uma amiga sobrecarregada de trabalho, com uma vizinha em dificuldade ou mesmo com alguém que precisa apenas de um pouco de atenção. O que todos eles pensarão a seu respeito? No mínimo dirão que você é uma boa pessoa e a apreciarão por isso. E o apreço também nos torna mais belos; afinal, nossa auto-estima se eleva, e isso se manifesta de modo positivo em todas as nossas formas de expressão.

Por outro lado, quando se mostra maldosa e ataca os outros o tempo todo com palavras, pensamentos ou ações, você está agredindo a si própria. Esse tipo de atitude só lhe trará infelicidade e insatisfação consigo mesma.

Existem determinadas coisas que você precisa praticar todos os dias para ser mais feliz e para se tornar mais bela. Uma dessas coisas é a gentileza consigo mesma.

Estamos falando agora da gentileza de cuidar de si própria com carinho, de se dar toda a atenção que merece, de reconhecer seu direito à beleza e de se permitir todo o tratamento - físico, mental, emocional e espiritual - necessário para se tornar ainda mais bonita.

Quando você é gentil com os outros, como já dissemos, mostra-se bela; mas, quando é gentil também consigo mesma, constrói sua beleza de modo mais completo. Tenha sempre atitudes de gentileza e poderá alcançar uma beleza plena e duradoura.

A beleza de ter amigos

"Ninguém é uma ilha" nem vive isolado. Todos temos relacionamentos com as pessoas que nos cercam e precisamos dessa interação para crescer juntos e ficar mais belos. Dentre as pessoas que mais nos fazem bem estão os amigos.

Um amigo sempre está presente quando precisamos dele, sempre tem uma palavra de conforto para nossas dores.

O amigo de verdade nos apóia, mas não é conivente com nossos erros. Ele nos oferece seu ombro para chorar, mas nos diz também as verdades que precisamos ouvir. Respeita nossa dor, mas não nos deixa reincidir no mesmo engano.

Quando estamos cercados de amigos, ficamos mais belos e os ajudamos também a se tornarem mais belos. A amizade é fundamental para fazer despontar a beleza integral.

Mas o que fazer para conseguir amigos?

A melhor forma de obter amigos é, antes de tudo, ser amigo. Essa é uma conquista que começa dentro de você, como, aliás, tudo na vida!

A FONTE DA BELEZA INTELECTUAL

É claro que, se falamos de beleza intelectual, não consideramos apenas o volume de conhecimento acumulado. Falamos, isso sim, de conhecimentos adquiridos, experimentados e incorporados em nossa pessoa. Além disso, falamos da sabedoria que usamos para causar transformações positivas no mundo com nossas atitudes coerentes com os conhecimentos que temos e embasadas nas crenças que adotamos.

Quando mencionamos beleza intelectual, falamos da beleza de usar o intelecto e dos conhecimentos para tornar o mundo um lugar melhor para se viver. Você somente construirá sua beleza intelectual, portanto, se adquirir sabedoria e conhecimentos construtivos, e tomar a atitude de manifestá-los no mundo de modo a fazer diferença positiva na vida dos outros.

Uma pessoa que demonstra seu conhecimento com a arrogância de um milionário que exibe o próprio dinheiro para impor seu poder e humilhar os outros não tem beleza intelectual. Tem, na verdade, muita prepotência, o que a torna intragável e indesejável.

Do mesmo modo, as pessoas pobres de espírito, que passam a vida lendo livros sem amá-los, e sim simplesmente coletando dados e informações, e acumulando conhecimento pelo simples fato de desejar saber mais que os outros, não têm beleza nenhuma.

A beleza da pessoa verdadeiramente culta se expande no ambiente como o perfume de uma rosa nas manhãs de verão. Ela flui com suavidade, sem se impor, somente marcando sua presença. Envolve todos com a tranqüilidade de uma onda do mar que tem certeza de sempre chegar ao destino.

As pessoas sábias são mais bonitas

Quando era jovem, eu trabalhava em um hospital, e minha chefe era uma mulher muito especial.

Enquanto ela permanecia em silêncio, sua imagem não era tão marcante, mas quando falava tornava-se incrível!

Muitas vezes, os mais jovens iniciavam uma daquelas discussões frívolas sobre poder, o que irritava a todos. O ambiente ficava pesado. Mas isso ocorria somente até nossa chefe falar.

Suas palavras eram tão belas e coerentes que o ambiente serenava de imediato. Enquanto ela falava, seu modo de se expressar deixava seu rosto lindo. Suas idéias faziam dela uma mulher irresistível a ponto de causar a impressão de que todos queriam namorá-la.

Ela falava com a tranqüilidade dos que sabem muito, e todos nós ficávamos hipnotizados por sua beleza.

Existem pessoas que não podem ver uma discussão sem também ficar irritadas e jogar mais lenha na fogueira. Adoram ver "o circo pegar fogo". Suas palavras vêm sempre acompanhadas de ressentimento e inveja. Seu olhar se torna duro e parece que o fogo da raiva queima sua pele. Pessoas assim se mostram muito feias em situações de conflito e nada fazem para resolvê-lo.

Sempre que alguma coisa negativa ocorrer perto de você, aproveite a oportunidade para mostrar sua sabedoria. Mas tome cuidado: falamos de sabedoria, e não de presunção. A presunção concentra nossa atenção sobre nós mesmos e faz com que nosso único objetivo seja o realce sobre os outros. Já a sabedoria nos motiva a pôr nossos esforços a serviço dos demais com a intenção clara e sincera de ajudar.

Quando faz uso de sua sabedoria, você se torna prudente, moderado e sensato. Suas reflexões são coerentes e ficam claras para quem as ouve. Uma atitude sábia para resolver conflitos proporciona a você uma beleza toda especial.

Nunca perca uma oportunidade de ser útil. As pessoas solícitas são mais bonitas. São bem-vindas sempre, levam luz aonde quer que estejam, são recebidas com alegria. Fazem parte das soluções, e não dos problemas.

Sua disposição de servir e suas palavras de compreensão e de orientação aos envolvidos sempre mostram toda a sua beleza.

As palavras têm o poder de destruir ou de fazer crescer. Por isso, seu uso correto é fundamental. Mas a sabedoria está na capacidade de usar bem as palavras, sempre com o propósito de construir alguma coisa positiva. Existem muitas pessoas que usam bem as palavras, mas seu propósito leva à destruição; você já ouviu falar de alguém muito hábil no uso das palavras que se chamava Adolf Hitler?

Nas inúmeras reuniões de que participo, sempre encontro pessoas que usam a palavra para mostrar que sabem mais que os outros. Ficam atentas, procurando erros nos argumentos alheios, apenas para parecer superiores.

As pessoas realmente generosas e sábias usam as palavras para promover o crescimento, a beleza, a união de todos. Sua presença é sempre associada a sentimentos de alívio e de gratidão. E a beleza de sua sabedoria envolve positivamente todos aqueles que ouvem suas palavras e são tocados por elas.

As pessoas de idéias positivas são mais bonitas

Zig Ziglar, famoso e respeitado palestrante motivacional norte-americano, disse: "Uma pessoa com pensamentos positivos não pode fazer tudo. Mas, com certeza, pode fazer cada coisa de modo muito melhor do que se estivesse com pensamentos negativos".

Seus pensamentos positivos, assim como suas idéias positivas, carregam uma energia que contagia e ilumina tudo e todos com quem você se relaciona. Quando pensa de modo positivo, você irradia beleza, felicidade e esperança, e abre portas que permaneceriam fechadas se pensasse e agisse de modo negativo.

Mas o que significa pensar de modo positivo ou manter idéias positivas? Significa dirigir o foco de sua mente e de seu raciocínio a coisas construtivas que estimulem boas sensações e bons sentimentos. Significa também evitar, eu diria até mesmo abolir, situações, conversas, programas e companhias que o convidam constantemente a focalizar sua atenção em coisas negativas, em desastres e em desgraças dos mais diversos tipos.

"Você ouviu a última sobre o caso do desvio de verba daquela empresa?", "Você viu quem acabou de se separar da mulher?", "Você soube daquela atriz que foi flagrada em adultério?", "Você sabe para quanto vai o preço da gasolina?". Será que conhece alguém, talvez algum amigo, que vive falando nesses termos, quero dizer, mencionando apenas desgraças e fofocas? E o que pensa dessa pessoa? Ela é boa companhia para você?

Já que seu objetivo é cultivar atitudes e pensamentos positivos, você não acha que seria bom afastar-se desse tipo de gente? Não seria preferível procurar companhias mais gentis e amigos que tenham o hábito saudável de ressaltar o que há de bom no mundo e de valorizar as atitudes dignas de tantas pessoas que trabalham para tornar a vida melhor para todos?

Além disso, que tal eliminar também de sua vida os programas de TV que só mostram intrigas, os filmes violentos, as notícias sensacionalistas e cruéis, os livros de mau conteúdo, os sites de teor sofrível e prejudicial, e tantas outras fontes de informação negativa e pesada, que nos deixam a sensação de que só há desgraças no mundo e nos levam a acreditar que o ser humano não presta?

Que tal, a partir de hoje, concentrar-se em coisas que alegrem sua alma? Que tal usar melhor seu tempo buscando o crescimento como pessoa e abrindo o pensamento para coisas realmente compensadoras? O que acha de passar a priorizar atitudes e aprendizados que elevem seu lado espiritual e ampliem seu intelecto?

Os cuidados com a beleza intelectual envolvem atitudes positivas e bem dirigidas de sua parte. Relacione tudo o que considera saudável e construtivo, edificante e necessário para tornar seu modo de ser mais positivo e assuma o compromisso de investir seu tempo no desenvolvimento dessas atitudes. Com base nisso, crie novos hábitos que a levem a se sentir mais bonita, por dentro e por fora, na aparência e na essência. E trabalhe diariamente na concretização desses objetivos, nessa nova maneira de estar bem consigo mesma.

As pessoas de idéias positivas são mais bonitas. As pessoas que usam suas idéias e boas convicções para fazer diferença positiva no mundo também são mais bonitas. Use sua energia para se tornar mais positiva, e o mundo se renderá à sua beleza.

As pessoas cultas são mais atraentes, interessantes e bonitas

Uma parte importante da beleza está associada a sua identidade, às coisas que conhece e a sua maneira de usar o que sabe para se expressar no mundo. A beleza física atrai a princípio, mas precisa do aval do intelecto para se consolidar.

A beleza física é, muitas vezes, agradável apenas para ser apreciada a certa distância. Algumas pessoas são interessantes para se admirar, mas difíceis para se conviver. São belíssimas, desde que não estejam muito próximas. Exibem uma beleza mais para ser vista do que para ser sentida. São pessoas de grande beleza física natural que, no entanto, mostram-se tão vazias e desagradáveis no convívio que nos assustam quando temos contato mais próximo com elas. Sua beleza é puramente decorativa.

Quando a aparência bonita não está acompanhada de uma mente culta e adequadamente desenvolvida, a admiração inicial que desperta desaparece em poucos minutos.

Há casos, pelo contrário, de pessoas cuja beleza interior nos faz esquecer as imperfeições do corpo. São tão agradáveis e calorosas, donas de uma cultura tão consistente e apropriada, que relegamos a aparência física a segundo plano, deixando de dar a ela uma importância tão grande.

Uma pessoa muito bela sem base cultural razoável, ou cuja cultura esteja embasada em valores distorcidos mostra-se incompleta. Entretanto, uma pessoa bela que demonstre cultura sólida e saudável torna-se duplamente atraente.

A importância de manter uma conversação coerente

Existe uma canção em que o cantor Raul Seixas afirma: "Eu quero dizer agora o oposto do que eu disse antes". Essa pode parecer, no contexto da música, uma idéia bastante interessante, mas não serve para nossos relacionamentos do dia-a-dia.

A coerência é muito importante em nossas conversas e em tudo o que dizemos para revelar nossa beleza intelectual. Imagine uma pessoa que muda de opinião toda vez que falamos com ela ou sempre que troca de interlocutor. O que ela me diz é diferente do que diz a você, e pode ser exatamente o contrário do que dirá aos outros. Acha que merece credibilidade?

Parte da beleza reconhecida de uma pessoa vem da admiração e do respeito que ela inspira em seus companheiros. Somente revelando consistência e coerência naquilo que dizemos e fazemos poderemos conquistar esse respeito e essa admiração.

A beleza intelectual exige uma base sólida de conhecimentos, mas pede também uma postura equilibrada nos relacionamentos. Contradizer-se com freqüência nos mais diversos assuntos, falar sobre certos temas sem conhecimento de causa, emitir opiniões vazias de conteúdo, concordar com todos só para parecer agradável e fazer comentários inadequados e infundados são atitudes próprias de uma pessoa leviana. E a leviandade não é uma das características que compõem a beleza integral.

A coerência do que dizemos vem de nosso conhecimento sobre o assunto em questão. E a coerência e a constância de nossas palavras e de nossos atos são frutos do respeito que temos por nós mesmos e por nossos companheiros. Tudo isso contribui para o aumento de nossa beleza intelectual.

A FONTE DA BELEZA ESPIRITUAL

O Dalai Lama, líder espiritual e político do Tibete, afirmou que o aspecto mais surpreendente da humanidade são os próprios homens. "Os homens perdem a saúde para juntar dinheiro, depois perdem dinheiro para recuperar a saúde. E, por pensar ansiosamente no futuro, esquecem o presente de tal forma que acabam por não viver nem o presente nem o futuro. Vivem como se nunca fossem morrer. E morrem como se nunca tivessem vivido", concluiu.

Em outras palavras, o que os homens mais precisam é de equilíbrio espiritual em sua vida.

Quando o equilíbrio espiritual se exterioriza, sua beleza se mostra de modo inconfundível, completo e especial. Você passa a atrair as pessoas ao redor, que sentem prazer por estar em sua companhia.

Quanto mais elevado for seu nível de consciência e valorização espiritual, maior a beleza que entregará ao mundo. O cuidado com a beleza espiritual traz mais felicidade à vida e torna você mais atraente e fascinante.

Quando falamos em espiritualidade, instintivamente pensamos em Deus. Por isso, para estimulá-la a pensar mais em sua relação com Ele, gostaria de contar-lhe uma pequena história, bastante inspiradora, que me tocou muito. Eu a recebi por e-mail, enviada por um amigo.

A perfeição de Deus

Jorge era uma criança especial, e seu pai freqüentemente perguntava: "Já que tudo o que Deus faz é perfeito, onde está a perfeição em meu filho? Jorge não pode entender as coisas como as outras crianças. Ele não pode lembrar fatos nem números como as outras crianças. Tudo o que os outros meninos fazem com naturalidade é uma impossibilidade para Jorge ou exige dele sacrifícios imensos. Onde está a perfeição de Deus então?".

Ele, porém, ainda não sabia que, quando Deus traz uma criança especial ao mundo, a perfeição que Ele manifesta não está nessa criança. A perfeição de Sua sabedoria está no modo como as pessoas reagem diante dela.

Certa tarde, Jorge caminhava com seu pai pelo parque, onde alguns meninos que o conheciam jogavam beisebol. Jorge perguntou: "Pai, você acha que eles me deixariam jogar?".

Sabedor das limitações do filho e imaginando que a maioria dos meninos possivelmente não o queria no time, mas também entendendo o quanto significava para Jorge a participação naquela partida, o pai se aproximou de um dos garotos e lhe perguntou se o filho poderia jogar.

O menino deu uma olhada ao redor e disse: "Acho que ele pode entrar no nosso time e tentaremos fazê-lo rebater".

Pediram então que Jorge calçasse a luva e fosse para o campo jogar. Todos sabiam que isso seria quase impossível porque ele nem sequer conseguia segurar direito o bastão.

A partir daquele momento, o pai de Jorge presenciou uma seqüência de cenas que jamais pensou ver:

- *O lançador se moveu alguns passos para arremessar a bola de maneira que Jorge pudesse rebatê-la.*
- *Um dos companheiros do time de Jorge foi até ele e o ajudou a segurar o bastão e a encarar o lançador.*
- *O lançador se ajeitou para arremessar suavemente a bola para Jorge.*
- *Jorge e seu companheiro de time balançaram o bastão e rebateram a bola lenta enviada pelo lançador.*
- *O lançador apanhou a bola e poderia tê-la atirado facilmente ao primeiro homem da base e encerrado o jogo. Em vez disso, lançou a bola em uma curva longa e alta para o campo, distante do alcance do primeiro homem da base.*
- *Em seguida, todos gritaram: "Corre, Jorge, corre!" E Jorge correu.*

• *O jogador da direita pegou a bola e poderia tê-la lançado ao segundo homem da base e encerrado o jogo. Mas também lançou a bola alta e distante, acima da cabeça do terceiro homem da base.*

E assim os meninos prosseguiram enquanto Jorge corria de base em base, e os jogadores adversários retardavam deliberadamente os próprios lances. Os garotos do time de Jorge o incentivavam entusiasticamente, até que ele chegou à base principal e fez o ponto decisivo do jogo.

Então todos os garotos, de ambos os times, ergueram Jorge nos ombros, fazendo dele o herói do dia, como se ele houvesse vencido o campeonato para sua equipe.

E o pai viu no rosto do filho um sorriso tão lindo como jamais imaginara. Compreendeu, assim, com lágrimas nos olhos, que "aqueles garotos tinham, naquele dia, alcançado a perfeição de Deus".

Essa história é um excelente exemplo daquilo que chamo de beleza espiritual.

As pessoas que acreditam em Deus são mais bonitas

"Uma pessoa pode estar segura só na ilusão porque a segurança é a maior ilusão que há. A vida é insegura, o amor é inseguro. Ser é viver em insegurança. Ser é estar em constante perigo. O mundo real tem de estar em constante perigo."
(Osho)

As pessoas que acreditam em Deus têm menos preocupações; por isso, são mais bonitas.

O rosto de um indivíduo inseguro é tenso e fica, portanto, menos atraente. A busca do amparo na fé nos devolve a tranqüilidade.

Eis a grande verdade: a segurança é um produto que não existe. O mundo não é um lugar seguro para se viver.

Não importa qual o aspecto de sua vida que você analise, sempre vai perceber que não tem controle sobre coisa alguma. Nada está sob controle, embora assim pareça. Sempre há um grau de incerteza em tudo. Logo, você está também sempre inseguro em relação à vida.

O que lhe resta fazer então? Uma das respostas é: preocupar-se com tudo. E a outra: entregar tudo nas mãos de Deus.

Quando acredita que Deus está no controle de tudo, você relaxa. Seu rosto se distende, refletindo paz e elevando ainda mais sua beleza espiritual.

As pessoas felizes são mais bonitas

Ninguém tem dúvida de que uma pessoa feliz se torna mais bonita. A felicidade é, acima de tudo, uma sensação bem pessoal. É algo que vive dentro de nós e não se encontra no mundo lá fora. Mas de uma coisa todos sabemos: nos dias em que estamos felizes, com toda a certeza também ficamos mais belos.

Mantenha, por isso, o alto-astral e procure cercar-se de pessoas positivas e de atitudes edificantes. Tente preservar o bom humor e o entusiasmo pela vida.

Nunca vi uma pessoa bonita ou interessante que não viva bem-humorada. Por melhor que se revele o resultado de seus tratamentos estéticos e por mais atraente que seja sua aparência, o alto-astral é ainda o que dá luz a sua beleza.

O bom humor é a expressão máxima da mente saudável, feliz e sensível, e tem enorme poder embelezador. Expressa felicidade interior equilibrada e deixa a pessoa mais atraente, mais agradável e mais satisfeita consigo mesma.

Pratique diariamente o bom humor. Assista a comédias sadias, leia textos edificantes e entusiásticos, procure a companhia de pessoas bem-humoradas e positivas, e ria diante do espelho para acostumar-se a manter sempre um sorriso iluminado no rosto.

Jamais perca o senso de humor. Nunca se mostre como uma pessoa queixosa e desagradável. Nunca seja agressiva. Toda agressão gera uma reação igual em troca. E quem agride, em geral, perde a razão e a paz de espírito.

Seja uma pessoa que leva a felicidade aonde vai. Imagine-se sempre como alguém que deixa um pouco de luz em todos os lugares por onde passa. Transforme-se naquela que faz a diferença quando chega porque traz consigo a alegria, o bom humor e a felicidade.

As pessoas solidárias são mais bonitas

Quando buscamos a beleza espiritual, a solidariedade ganha papel de destaque.

As pessoas que se importam com os outros são mais bonitas. As pessoas que se doam em favor de uma causa justa e humanitária, ou que procuram o benefício isolado de alguém que precisa de ajuda, mostram uma beleza que foge à própria compreensão. Mais que fazer parte de seu grupo, seja uma presença positiva dentro desse grupo. A beleza de seus atos falará por si mesma.

Esta pequena história que me contaram ilustra bem esse ponto de vista:

Há alguns anos, nas Paraolimpíadas de Seattle, nove participantes, todos portadores de deficiência mental, alinharam-se para a largada da corrida dos 100 metros rasos.

Ao sinal, todos partiram, não exatamente em disparada, mas com muito empenho em dar o melhor de si mesmos, terminar o percurso e vencer a corrida.

Um dos garotos, porém, tropeçou, caiu e começou a chorar. Os outros oito ouviram seu pranto, diminuíram o passo e olharam para trás. Em seguida, voltaram-se e retornaram. Todos eles.

Uma das meninas, portadora de síndrome de Down, ajoelhou-se, deu um beijo no garoto e disse: "Pronto, agora vai sarar!". Os nove competidores deram-se os braços e andaram juntos até a linha de chegada.

O estádio inteiro levantou-se, e os aplausos duraram muito.

Talvez esses atletas fossem deficientes mentais. Mas, com certeza, não eram deficientes espirituais.

A verdade é que eles sabiam, assim como todos nós sabemos no íntimo, que aquilo que realmente importa nesta vida, mais do que vencer, é ajudar os outros a vencer, mesmo que isso signifique diminuir o ritmo de nossos passos.

Quando você olha para alguém que tem beleza espiritual, descobre uma pessoa de valor, solidária acima de tudo. A beleza é apenas conseqüência.

OS CUIDADOS COM O CORPO E COM O ESPÍRITO SE COMPLETAM

Nosso corpo é nosso templo. Nele reside nossa essência, nosso eu verdadeiro ou ainda nosso espírito. O corpo é como um porta-jóias primoroso. O espírito é a jóia preciosa que ele acolhe.

Assim, cuidar de um é cuidar do outro. O cuidado com a beleza física dá abrigo ao espírito, e o cuidado com a beleza espiritual dá valor ao corpo.

O ato de cuidar do corpo e do espírito com carinho e dedicação nos permite expressar no mundo toda a beleza que nos foi concedida e confiada pelo Criador. Se você não acredita no Criador, tudo bem. Ainda assim, como você mesma poderá comprovar, o cuidado com o equilíbrio espiritual vai torná-la ainda mais bonita.

Nenhuma forma de beleza será completa se esquecermos de nossa realidade espiritual e dos cuidados que devemos ter com nossa alma. Mas como cuidar do espírito? Como construir e manter a beleza espiritual?

Todos sentimos, independentemente de crenças e religiões, que não somos apenas um corpo físico, feito de matéria, e aceitamos o fato. Todos conhecemos essa centelha de vida maravilhosa que habita o invólucro material que chamamos de corpo. Mas o que é necessário fazer para manter sempre acesa e iluminada essa centelha, para elevar seu calor e sua chama de modo que nossa presença seja agradável e bem-vinda?

Nosso espírito também necessita de atenção e de cuidados. E é pela prece – mesmo que não sejamos religiosos nem acreditemos em Deus – que estabelecemos a comunhão com o Divino e renovamos nossas energias espirituais.

O estudo e a leitura de obras edificantes, que elevam nosso nível de compreensão espiritual, a prática da caridade verdadeira, o hábito da gentileza, o trabalho consciente e de boa vontade na construção do bem, a resignação diante das coisas que não podemos mudar, a entrega de nossos temores a uma força maior que nos ampara sempre, todas essas são atitudes de cuidado com a alma que estimulam a beleza espiritual e nos fazem mais bonitos por completo.

O desenvolvimento da espiritualidade faz parte do processo de harmonização de todo ser humano. Não me refiro a nenhum sentimento religioso específico. O que vale é a atenção que cada um dá a seus valores espirituais e às próprias crenças.

As manifestações mais simples e importantes da espiritualidade estão na atitude de solidariedade e na prática da caridade. Todo ser humano tem uma tendência natural ao amor como fonte de vida, e a caridade verdadeira representa a manifestação mais pura desse amor. Embora a relação com a dimensão espiritual seja diferente para cada pessoa, todas encontram nela a motivação e a força necessárias para se sentir mais plenas e belas.

Os cuidados com o espírito e com o corpo se completam. Beleza é questão de conjunto. Não existe apenas beleza interior ou exterior. A beleza só existe de verdade quando é constituída de todos os seus componentes é incluída em um contexto social. É esse conjunto de fatores que torna a pessoa agradável para olhar, conversar, conviver, sentir, acariciar e amar, ou seja, bonita!

As atitudes de beleza e saúde abrangem cuidados com você mesma por dentro e por fora, com o eu interior e com a aparência. A beleza pede sempre o equilíbrio entre a essência e a aparência.

Reforce todos os dias o propósito de se aprimorar por completo. Mantenha o alto-astral e siga em frente. Encare a vida como uma viagem cujo roteiro é você quem traça e em cujo trajeto vai mostrar toda a sua beleza ao mundo, tornando mais agradáveis os lugares por onde passar.

As pessoas bonitas têm algo muito importante em comum: *gostam e cuidam de si mesmas, de maneira ampla, em todos os aspectos de seu ser.* É essa interação positiva entre os cuidados com a essência e com a aparência que chamamos de equilíbrio saudável, graças ao qual a beleza se manifesta de modo completo.

EM BUSCA DA BELEZA TOTAL

A beleza costuma ser, sem dúvida, um trunfo que nos ajuda a vencer na vida. Embora todos digam que ninguém deve ser julgado pela aparência, as pessoas bonitas, na prática, são mais favorecidas.

A beleza produz diferenças. Uma aparência bonita pode significar mais sucesso, mais aceitação social, mais força de atração, mais poder de sedução. As pessoas que desejam ficar mais bonitas sabem que o grau de beleza influencia muito na qualidade de vida.

Para você se sentir mais bela

A aparência é parte importante do patrimônio pessoal. Existe uma associação quase instintiva entre o belo e o bom, assim como entre o feio e o mau. Já se dizia, na Grécia antiga, que a boa aparência substitui qualquer apresentação. Assim, a busca de aceitação, de afeição e de amor com a ajuda da boa aparência não é um fato novo.

Laura, por exemplo, só se julgará digna de ser amada quando se considerar maravilhosa. Ela é minha cliente há vários anos. Não deixa de examinar seu rosto, todas as noites, com um espelho de lente de aumento. Aos 25 anos, já operou o nariz, com resultado excelente, e fez peeling *na região das bochechas.*

Quando me procurou, com 19 anos, havia sonhado que, no dia de seu casamento, o noivo, ao erguer o véu que cobria seu rosto, ficara horrorizado com seu nariz. Voltara as costas para ela e a deixara sozinha no altar. Fugira para jamais voltar. Laura acordou chorando e nunca mais esqueceu esse pesadelo. Hoje, com o nariz perfeito e a pele aveludada, ainda sofre com a lembrança.

O problema de Laura não é a imagem que ela vê refletida no espelho, e sim o modo como sua mente a imagina. A impressão do nariz deselegante e da pele irregular ainda a persegue. Ela ainda vê, na imaginação, o noivo fugir da igreja. E vive insegura porque acha que não tem beleza suficiente para manter um relacionamento interessante com ninguém.

Esse sentimento de inadequação domina sua mente de tal maneira que Laura ignora totalmente o fato de ser hoje uma mulher muito bonita e sensual. Essa imagem negativa se alojou em seu subconsciente e vai permanecer lá até que ela mesma resolva eliminá-la.

Quem *se sente* beneficiado pela beleza pode ter muitas vantagens. As pessoas bonitas *que não têm consciência* da própria beleza, porém, tiram pouco proveito de sua aparência. Já o *sentimento de feiúra* dificulta tudo. Mas leia este parágrafo novamente, com mais atenção. Perceba que falamos de *"sentimento de beleza"* e de *"sentimento de feiúra"*. Não falamos apenas de sua aparência física, e sim da maneira *"como você se sente com relação a sua aparência física"*.

Caso tenha alguma dificuldade de reconhecer sua beleza, lembre-se de que a solução está simplesmente no modo como você encara essa dificuldade. Para resolvê-la, é preciso mudar seu modo de pensar e acreditar que, de fato, pode ser mais bonita.

A beleza tem, na verdade, tudo a ver com o estado de espírito. Sua melhor manifestação ocorre quando você cuida de seu corpo e de sua mente. Por isso, ao assumir sua beleza, é preciso levar em consideração o conceito atual dessa palavra, que admite hoje em dia diversas nuances, algumas até antes vistas como imperfeitas.

Isso significa que cada mulher tem e pode descobrir muitos atrativos pessoais e pode usá-los para reafirmar sua sensação de beleza sem necessariamente se enquadrar em nenhum padrão estético vigente. Essa é a melhor maneira de utilizar a beleza para se tornar mais feliz e ainda mais atraente.

Para você fazer a escolha certa

Uma das atitudes mais importantes quando estamos em busca da beleza é, antes de tudo, mergulhar em nosso íntimo e descobrir o que nos motiva.

Um fator decisivo para que o resultado de sua procura por uma aparência melhor faça você mais feliz é, portanto, o conhecimento de seus motivos. Você precisa saber o que realmente a induz ao desejo de cuidar melhor de sua beleza, revelando-se ao mundo de modo especial.

Quem escolhe um caminho equivocado para atingir seus objetivos mais íntimos só pode chegar a um destino errado. Mas tenho certeza de que não é isso que você procura quando pensa em melhorar sua aparência, não é mesmo?

Existem diversos fatores, como já vimos, que exercem influência sobre a boa aparência. E você tem, diariamente, a opção de fazer, ou não, certas coisas para ser bela, assim como de adotar, ou não, determinadas atitudes que podem torná-la mais atraente.

Mas quem não tem o estímulo de uma dose suficiente de vaidade e não acredita que, satisfazendo o desejo de melhorar a aparência, ficará mais feliz, certamente terá maior dificuldade de se dedicar aos cuidados exigidos pelo cultivo da beleza. Talvez prefira a opção comodista de deixar tudo como está.

A descoberta do que a beleza realmente significa para você ajuda a escolher os caminhos certos para chegar ao destino desejado. E, a partir daí, essa almejada beleza será conseqüência das escolhas certas que você fizer todos os dias.

Mas do que exatamente dependem suas escolhas? Dependem daquilo que está em sua mente, daquilo que você espera de sua beleza. Dependem ainda daquilo que está em sua alma e em seu coração.

Quando você tem o objetivo de mudar algum detalhe de sua aparência para se sentir melhor, aumentar seu prazer de viver e adaptar sua aparência física a seu estado de espírito e a seu modo atual de pensar e agir, está no caminho certo. Essa é a escolha correta.

Suas escolhas para se tornar mais bela são as mesmas que você faz quando procura ser mais feliz. Embora nem sempre pareça, beleza e felicidade caminham juntas quando o assunto diz respeito à manifestação da beleza integral. E sua busca da beleza deve, sobretudo, andar de mãos dadas com a sua busca da felicidade.

CAPÍTULO 5

Agora ou nunca

Agora que você já conhece as quatro fontes da beleza integral, é hora de pôr esse aprendizado em prática. As mudanças só ocorrem quando temos coragem de agir.

O grande lance desse método de atingir a beleza integral é atacar nas quatro frentes com determinação e regularidade. E não se esqueça de usar a paixão como combustível nessa jornada. Afinal, a decisão de se tornar mais bela precisa resultar de uma busca apaixonante e estimulante.

Um pequeno conselho de amigo para começar bem sua viagem: a cada dia, todos os dias, faça alguma coisa para melhorar o aspecto de seu corpo, leia um trecho de um bom livro e procure interiorizar a essência do que leu, transformando-a em patrimônio próprio. Procure também olhar seu mundo interior, observar com cuidado e conhecer melhor seu lado emocional. E, em seguida, faça uma coisa importantíssima: reserve algum tempo para olhar o invisível e perceber os sinais do Criador em sua vida.

O trabalho simultâneo e regular nas quatro fontes da beleza produz resultados fantásticos. Depois de uma semana, suas amigas já vão comentar tantas mudanças positivas, desejando conhecer seu segredo.

ALGUMAS DICAS PARA CUIDAR MELHOR DE SUA BELEZA INTEGRAL

A diferença entre a mulher sábia e a pessimista é que esta, quando vê uma mulher linda, sente-se péssima, enquanto a sábia inspira-se para se tornar mais bonita.

Na grande maioria das vezes, a diferença entre uma mulher mais atraente e outra, menos chamativa, resume-se aos cuidados que cada uma delas tem com a própria aparência.

Que tal começar a investir agora mesmo na produção de sua beleza? Vamos rever, então, algumas dicas fundamentais para situações em que você pode cuidar melhor de coisas bem simples que terão, porém, efeito enorme sobre sua aparência e sobre a maneira como você se sente com relação a ela?

- Observe as mulheres realmente lindas.
- Tenha a certeza de gostar de sua aparência quando sai de casa.
- Cuide da saúde de sua pele.
- Troque álcool por água.
- Malhe e medite.
- Saia com pessoas interessantes.
- Coma alimentos leves.
- Viva com alegria.
- Cuide com carinho de sua beleza integral.

OLHE SEMPRE A BELEZA DE FORMA INTEGRAL

Pelo menos parte da força e da peculiaridade da beleza da poderosa Gisele Bündchen pode ser atribuída a seu nariz um tanto agressivo e cheio de personalidade. Por aí você pode ver que não é preciso perfeição física para conseguir uma beleza marcante e individualizada.

O corpo humano sempre apresenta imperfeições estéticas, os padrões de beleza mudam freqüentemente e o modo de pensar da pessoa tem influência – favorável ou contrária – sobre sua beleza. Um dos segredos da arte de ser bela está exatamente no talento de usar a seu favor o que poderia, a princípio, parecer uma desvantagem.

Voltando ao nariz de Gisele, convenhamos: não é um narizinho delicado e bem proporcional ao rosto. Pelos padrões atuais de beleza, o nariz da modelo é um tanto alto e comprido, mas lhe confere charme e exotismo especiais. Esse detalhe estético realça sua auto-estima; é como se ela dissesse constantemente a todos: "Eu sou linda, e sei disso". O nariz tornou-se uma marca registrada e um reforço poderoso de sua personalidade forte. Mas, acima de tudo, é apenas um complemento de sua beleza integral.

A beleza tem um componente dos mais excitantes: a unicidade de cada pessoa. Toda mulher é única e tem atrativos próprios. O rosto, a atitude, as idéias, o estilo de vida e as múltiplas variações anatômicas lhes proporcionam uma individualidade estética que as faz particularmente belas.

Mas as pessoas geralmente não assumem nem concretizam todo o seu potencial estético porque costumam lançar mão de apenas uma ou duas fontes de beleza.

Para aproveitar todo o seu potencial, é preciso concentrar-se no trabalho nas quatro fontes da beleza integral. Dessa maneira, você verá que, em muitos casos, até mesmo o que considerava uma imperfeição desvantajosa pode se revelar um charme todo especial.

Se você buscar apenas a beleza física, lutará ininterruptamente com os padrões estéticos, que mudam a todo momento.

Para ser uma mulher completamente bonita, é preciso melhorar na totalidade de seu ser e decidir o que fazer com seu corpo físico. É preciso, também, olhar seu íntimo e entender o que seu corpo emocional está pedindo para tornar você mais bonita.

Um sinônimo de "mulher bonita" é "mulher admirada". Sim, toda mulher gosta de ser admirada. É por isso que se veste, maquia-se e se produz toda ao sair de casa para um encontro, para uma festa ou para enfrentar a simples rotina de trabalho.

Mas a admiração só vem quando a beleza física e a beleza emocional estão acompanhadas de uma cultura sólida e de um intelecto bem formado. A admiração baseada apenas no aspecto físico e emocional nem sempre se mantém porque existem situações em que o conteúdo e a coerência das palavras falam mais alto.

Para completar a beleza, o corpo espiritual precisa entrar em cena. Boa aparência, emoções equilibradas e autênticas e intelecto admirável só passam a expressar a beleza real e total quando estão ancorados em um propósito de vida saudável e empolgante. Estamos falando, então, de beleza espiritual.

A beleza integral precisa sempre ser sua meta para que estética e felicidade andem de mãos dadas em sua vida. Do contrário, sua beleza será vazia e incompleta.

Seja bonita em seu corpo físico, sim. Mais que isso, porém, seja "bonita"! Seja admirada por um belo corpo, um belo rosto, por suas roupas de caimento impecável, pela elegância, enfim. Mas também seja bonita em suas percepções de vida, em sua maturidade, em seus comentários nas rodas de amigos, em sua inteligência. Seja completamente bonita. Nunca aceite ser menos que isso!

SEJA RESPONSÁVEL PELO MILAGRE DA TRANSFORMAÇÃO

Muitas mulheres se comportam como se fossem feias, limitando a manifestação de sua beleza.

Não que sejam realmente feias, pois feiúra ou beleza é apenas uma decisão pessoal. Mas acabam por se mostrar feias porque não deixam que sua beleza apareça.

Uma auto-imagem negativa é um peso muito grande para se carregar pela vida afora. Por isso, se esse for seu caso, recomendo pensar seriamente em uma mudança de atitude.

A vida torna-se amarga e triste para quem só consegue enxergar os próprios defeitos e não se dá bem com o espelho. Quando você abre mão do direito de se sentir bela simplesmente porque se compara a outra mulher mais bonita, está menosprezando sua capacidade de se fazer mais atraente.

É lógico que existem mulheres deslumbrantes, abençoadas pela natureza com algo especial, que, sem dúvida alguma, já levam bastante vantagem quando o assunto é beleza. Mas você não precisa ficar no fim da fila.

Se não se considera uma delas, responda sinceramente: *será que você está utilizando todo o seu potencial de beleza?*

Não importa o que você pensa neste momento em relação a sua aparência, posso afirmar, sem sombra de dúvida, que a conquista da beleza depende muito de uma simples escolha: *a opção de ser bonita.*

Tudo o que você precisa inicialmente é descobrir seus pontos fortes e investir neles, valorizá-los e, assim, tornar-se mais bela. Isso será possível se lançar mão de seus atributos naturais de beleza e dos recursos que hoje o mundo lhe oferece para ressaltá-los.

Você pode optar por roupas que valorizem seu corpo e realcem a cor de seus olhos, por exemplo. Pode usar um batom que destaque seus lábios. Que tal cuidar mais da maquiagem, de seus sapatos e de suas bolsas? Você já pensou que o modo como caminha pode ser decisivo para frisar sua beleza, e tornar-se a diferença que fará você estar entre os cisnes ou entre os patinhos feios? Sua postura deve ser a de uma mulher bonita se quiser ser uma mulher bonita. Tudo isso é uma questão de escolha.

Insisto: *a beleza é conseqüência das escolhas que você faz diariamente*. Depende, portanto, somente de você a decisão de se tornar mais bela a cada dia. É sua a opção de cuidar da aparência e realçar sua beleza. Essa é uma escolha que está e sempre esteve em suas mãos. Você pode ser bonita todos os dias cuidando bem de si mesma.

Se faz parte daquele grupo de mulheres que insistem em acreditar que somente as outras têm o direito de ser belos cisnes brancos e que a você só cabe o papel de patinho feio e desengonçado, convido-a a pensar melhor em sua aparência e no modo como se vê.

Prepare-se para se tornar uma nova mulher, ou melhor, para permitir que apareça a linda mulher que se esconde dentro de você. Não será mais preciso morrer de inveja quando cruzar com uma das mulheres que considera bonitas, atraentes e sedutoras. Afinal, você também pode ser uma delas.

Não fique aí parada, agindo sempre como se fosse feia, somente esperando que um milagre venha fazer de você a mais bela das mulheres. Vá à luta! O milagre de tornar-se bonita começa com a sua decisão. Seja você mesma a responsável pelo milagre da transformação.

NÃO SE ENGANE: BELEZA NUNCA É DEMAIS

A mulher que se considera suficientemente bonita em breve se sentirá feia.

Sim, porque quem acha que já tem beleza suficiente acha também que não precisa se cuidar tanto. E deixar de se cuidar é o mesmo que abdicar da beleza.

A beleza deve ser perseguida sempre. Nenhuma mulher é tão bela que não possa melhorar um pouquinho mais. E, tenha certeza, ninguém vai reclamar se você hoje estiver mais bonita que ontem e amanhã se mostrar melhor que hoje.

É óbvio que não falamos das distorções causadas pela vaidade extrema e descontrolada, que faz com que a pessoa busque uma perfeição que não existe. Defendemos um processo contínuo e prazeroso de cuidados pessoais feito com amor e consciência, de modo completo: o aprimoramento da essência e da aparência, sempre.

A beleza, quando cultivada em todos os aspectos, nunca é demais. É sempre agradável e estimulante, para quem a mostra e para quem a vê.

Conquistar a beleza de ser feliz

Beleza e felicidade fazem parte da mesma busca, são duas faces da mesma conquista.

Mas entenda: não é só porque uma pessoa melhorou sua aparência que será mais feliz. Isso pode até ajudar, mas a conquista da felicidade é, na realidade, muito mais ampla. O mundo está cheio de belos homens e de mulheres lindíssimas que vivem infelizes.

Sua felicidade depende de vários fatores: alguns escapam de seu controle pessoal, enquanto outros são de sua inteira responsabilidade.

Dentre os fatores que independem de você, estão a herança genética, o modo como foi tratada na infância e na adolescência, quando algumas crenças ficaram gravadas em sua mente norteando seu modo de ser atual, e a fisiologia peculiar e única de seu organismo.

Se recebeu de seus pais, avós e outros antepassados a predisposição genética de ser feliz, positiva e otimista, agradeça ao Criador. Você já saiu na frente em sua busca de beleza e felicidade.

Mas não é porque, eventualmente, recebeu uma herança genética desfavorável, teve uma infância problemática ou seu organismo não produz quantidades adequadas dos hormônios da felicidade que você está fadada a ser infeliz.

A felicidade não é obra do acaso, da sorte, nem do destino, como pensavam os antigos. É algo que, assim como a beleza, pode ser conquistado com esforço pessoal. Para isso, você precisa aprender o caminho das pedras e percorrê-lo com coragem e otimismo. É só querer, e você chega lá!

Para ser feliz, aproveite intensamente cada dia de sua vida. Não se preocupe em se mostrar mais bonita nem melhor que as outras mulheres porque o orgulho e a vaidade são caminhos que levam à infelicidade. Ocupe-se, pelo contrário, na tarefa de ser a melhor pessoa que puder. Hoje, independentemente de sua aparência ou de qualquer outro fator exterior, escolha ser mais feliz.

Comece já a adotar pensamentos e atitudes que a levem à tão almejada felicidade. Explore com sabedoria todas as suas possibilidades, procure conhecer-se cada vez mais, encontre um sentido mais satisfatório para sua existência.

Se você se sente como um patinho feio, reconheça o lindo cisne branco que vive em seu íntimo e seja mais feliz.

Caso você, como Cinderela e por comodismo, tenha deixado os cuidados com sua aparência de lado, passe a tratar melhor os detalhes de seu visual e seja mais feliz.

Se a Bela Adormecida que existe em você procurar a permissão e a aprovação de seu companheiro para se sentir bem com sua beleza, tome consciência de que ninguém é mais importante para você do que você mesma. E seja feliz.

E se Branca de Neve for sua musa inspiradora, o que a faz pôr os cuidados com os outros em primeiro lugar, antes de tomar conhecimento de si mesma, permita-se ser o centro de suas atenções. Valorize-se e seja feliz.

Não vista a armadura da acomodação. Não se afunde no sofá das desculpas. A felicidade não é para os acomodados nem para os covardes. Adote uma postura mais consciente e atuante diante da vida. Torne-se a mulher linda que sempre quis ser e sinta-se mais feliz.

Até aqui falamos sobre beleza física, emocional, intelectual e espiritual. Logo, você já sabe como conquistar a beleza integral.

Gostaria agora de lhe propor a conquista de outro tipo especial de beleza. Você é capaz de fazê-lo simplesmente porque ela já é sua, e tudo de que precisa é o desejo de trazê-la para junto de você. Então sorria, alegre-se para a vida, aprenda a gostar de si mesma, trabalhe muito por seu bem-estar, torne-se mais bela e tome posse da *beleza de ser feliz.*

Sua beleza
é infinita

Quero encerrar esta nossa conversa contando uma pequena história inspiradora que ainda circula pela internet e lhe dará a verdadeira dimensão da busca da beleza:

Na Tailândia existe um pequeno e humilde templo conhecido como Templo do Buda de Ouro. Dentro dele há um Buda de ouro maciço, de mais de três metros de altura, que pesa mais de duas toneladas e meia e está avaliado em mais de 200 milhões de dólares.

Ao lado da estátua repousa uma caixa de vidro que contém um pequeno bloco de argila e uma folha de papel na qual está escrita a história do Buda de ouro.

Em 1957, um grupo de monges precisou transferir um Buda de argila para um novo templo. Mas, ao ser erguida, a estátua começou a rachar devido ao enorme peso. Os monges resolveram baixá-la novamente até decidir o que fazer. Como começara a chover, cobriram a estátua com uma grande lona para protegê-la até o dia seguinte.

Durante a noite, um dos monges foi ver se tudo estava em ordem e, para sua surpresa, constatou que a chuva retirara um pouco da argila e alguma coisa brilhava sob a lona.

Os monges então rasparam a camada de argila e surgiu o Buda de ouro maciço.

É assim que vejo a forma como podemos mostrar nossa beleza ao mundo. Nossa aparência, de início, lembra a de um Buda de argila. Somos recobertos não por uma, e sim por várias camadas de barro duro, que representam nossos medos e nossas inseguranças.

Debaixo de todas essas camadas, no entanto, existe um Buda de ouro, que é nossa verdadeira natureza. E somos nós mesmos os monges que removerão a argila e revelarão a verdadeira essência de nosso ser.

Nosso trabalho é remover essas camadas de argila, uma a uma, e mostrar ao mundo, todos os dias, um pouco mais de nossa beleza integral e infinita. E cabe somente a nós mesmos revelá-la mais e mais a cada dia.

Lembre-se: sua beleza é infinita e seu trabalho consiste em revelá-la ao mundo sem a mínima vergonha de ser bela; aliás, sem a mínima vergonha de ser feliz.

Seja sempre muito feliz!

Rolando Zani

Praia de Juquehy, maio de 2007

Contato com o autor:
E-mail: rolandozani@terra.com.br

Este livro foi impresso pela Gráfica Edelbra
em papel *lux cream* 70g.